Nicolás Maquiavelo

EL PRÍNCIPE

Copyright © EDIMAT LIBROS, S. A.
C/ Primavera, 35
Polígono Industrial El Malvar
28500 Arganda del Rey
MADRID-ESPAÑA
www.edimat.es

ISBN: 978-84-9764-351-1
Depósito legal: M-20801-2009

Colección: Clásicos de la literatura
Título: El Príncipe
Autor: Nicolás Maquiavelo
Título original: Il Principe
Introducción: Marcos Sanz Agüero
Diseño de cubierta: Juan Manuel Domínguez
Impreso en: Lável Industria Gráfica S.A.

MAQUIAVELO

EL PRÍNCIPE

Por Marcos Sanz Agüero

ESTUDIO PRELIMINAR

1. PERFIL BIOGRÁFICO DE MAQUIAVELO

Maquiavelo nace en Florencia el 3 de mayo de 1469, año precisamente de la muerte de Pedro de Médicis y año, también, en el que comienza la larga dominación florentina —hasta 1492— de Lorenzo el Magnífico. Primer hijo varón de Bernardo Maquiavelo, notario de profesión, Nicolás pertenece a una familia cuyo noble origen no se halla en consonancia con una desahogada posición económica. Nada apenas sabemos de la infancia y adolescencia del autor de *El Príncipe*. En 1498, al borde de los treinta años, entra a trabajar en la cancillería florentina iniciando con ello una procelosa carrera funcionarial llena de éxitos y exilios. Este mismo año ha muerto en la hoguera Savonarola. La vida profesional de Maquiavelo es, en sus inicios, fulminante: ya en 1500 tiene lugar su primera legación a Francia y en 1502, con Piero Soderini como árbitro de la política florentina, acude Maquiavelo a Urbino formando parte de la delegación de Florencia que visita a César Borgia, el luego inspirador de su más famoso texto político. Secretario de la segunda cancillería, secretario del Consejo de los Diez hasta 1512, fecha en que los Médicis retornan a Florencia, secretario de los Nueve de la Milicia, Maquiavelo vive casi tres lustros en las cercanías del poder político observando con fruición los acontecimientos y atesorando la larga experiencia de la *cose moderne* a que luego aludirá en la dedicatoria de *El Príncipe*.

Catorce años (1498-1512) constituyen, pues, el largo período de formación que antecede a la madurez de Maquiavelo como tratadista político. Catorce años en los que se mezclan las observaciones directas de la realidad, el análisis histórico de la Italia contemporánea y el estudio de la política misma como arte y técnica de gobierno. Catorce años de intensa actividad funcionarial y diplomática en los que la pluma de Maquiavelo discurre, además, en una *continua lezione della antique*. Como secretario florentino, la pasión literaria de Maquiavelo se realiza en una prolífica cuenta de opúsculos que a partir de 1499 —año del *Discorso fatto al magistrato dei dieci sopra la cosa di Pisa*— van recogiendo, casi sin interrupción, su decantada experiencia personal de los acontecimientos. Destacan entre ellos los escritos en 1503 —*Descrizione del modo tenuto dal duca Valentino nello ammazzare Vitellozzo Vitelli, Oliverotto di Fermo, il signor Pagolo e il duca de Gravina Or sini, Parola da dirle sopra la provisione del danaio fatto di proemio e di susa* y *Del modo di trattare i popoli della Valdichia ribellati*— y el *Decennale primo* (1504), composición versificada en la que historia Maquiavelo la década 1494-1504, además de los dedicados al análisis de la política francesa que culminan con el *Ritratto delle cose di Francia* (1510) o el famoso *Ghiribizzi al Soderini*. Todas las grandes líneas del pensamiento maquiaveliano sobre el hombre y la historia están ya presentes y pueden rastrearse con facilidad en aquellos textos iniciales donde brilla con luz propia una prosa densa, hermosa y rigurosa a un tiempo.

El 13 de noviembre de 1512, Nicolás Maquiavelo es destituido de sus cargos como secretario de la cancillería y del Consejo de los Diez. Castigado a un año de destierro a cierta distancia de la ciudad y sin permiso para abandonarla, además de al pago de mil florines, Maquiavelo se halla súbitamente en una situación cuando menos incómoda. Los Médicis no se fiaban de él y le alejaban de cualquier centro de poder. Comienza así su largo exilio interior del que no saldrá ya nunca del todo. En plena madurez —va a cumplir los cuarenta y tres—, con cuatro hijos (tres varones y una niña) y su mujer embarazada, Maquiavelo se ve obligado a retirarse a su finca de San Casciano. Duro golpe que se agravará cuando pocos meses más tarde aparezca su nombre complicado en la conspiración antimedicea de Boscoli en febrero de 1513. A pesar de su luego comprobada inocencia, Nicolás Maquiavelo fue primero encarcelado y luego torturado, experiencia sin duda horrible que acabará marcándole profundamente. Ya en su *albergaccio* de San Andrea de Perusina inicia Maquiavelo su reflexión sistemática sobre los males de la Italia contemporánea y la política como ciencia autónoma. A través de su célebre correspondencia con Vettori, embajador de Roma, sabemos de su depresivo estado de ánimo en los primeros meses de 1513. En una carta —la 128— fechada el 29 de abril Maquiavelo reconoce, empero, su renovado interés por los asuntos políticos: «Aunque haya prometido no pensar más en las cosas de Estado ni razonar acerca de ellas, como lo atestigua el que me haya retirado al campo y evitado tratar tales temas, para responder a vuestras preguntas estoy obligado, sin embargo, a romper toda promesa.» Hasta el 26 de agosto de 1513 la correspondencia entre el alejado secretario florentino y el embajador se continúa de forma ininterrumpida. Maquiavelo escribe sin prisa y sin pausa el primer libro de los *Discorsi* cuya redacción ha iniciado en marzo de ese mismo 1513. Desde el 26 de agosto hasta el 10 de diciembre el intercambio epistolar se interrumpe. Ese día, 10 de diciembre, Maquiavelo rompe su silencio respondiendo, al fin, a la carta de fecha 23 de noviembre. La carta, que muchos han visto como una de las más hermosas de cuantas se han escrito en lengua italiana, proporciona pistas decisivas acerca de la génesis de *El Príncipe*.

«En mis tierras me hallo, y desde mis últimas desventuras no he permanecido, juntándolos todos, ni veinte días en Florencia. Me levanto con el sol y me voy a un bosque mío que están talando donde paso dos horas inspeccionando los trabajos del día anterior y conversando con los leñadores, que siempre tienen algún pleito, entre ellos o con sus vecinos... Dejando atrás el bosque me dirijo a una fuente y de allí hasta el lugar donde dispongo mis trampas para cazar pájaros, con un libro bajo el brazo: Dante, Petrarca o uno de los poetas menores como Tíbulo u Ovidio. Leo de sus amores y pasiones que, al recordarme las mías, me entretiene sabrosamente en este pensamiento. Tomo luego el camino de la hostería, donde hablo con los pasajeros y les pido noticia de sus lugares de origen, con lo que oigo diversas cosas y noto los varios gustos y humores de los hombres. Llega en esto la hora de yantar, en el que consumo con mi familia los alimentos que puede dar esta pobre tierra y mi menguado patrimonio. Después de haber comido vuelvo a la hostería donde con el posadero están, por lo común, jugando a los naipes y a las damas, de lo que nacen mil disputas e infinitas ofensas y palabras injuriosas, y lo más a menudo se combate por un centavo y ocasiones hay en que desde San Casciano se nos oye gritar...»

Y prosigue con esta maravillosa descripción en la que se sitúa la génesis misma de *El Príncipe*:

«Al llegar la tarde, regreso a casa y entro en mi estudio a cuyo umbral me despojo de la ropa del día, repleta de lodo y porquería, para vestirme paños reales y pontificios. Y así, ataviado de forma honorable, entro en las antiguas cortes de los antiguos hombres y —recibido por ellos amorosamente— me alimento de aquella comida que es sólo mía y para la cual nací. No me avergüenzo de hablar con ellos, interrogándoles acerca de la razón de sus acciones, y ellos, con toda humanidad, me responden. Así, durante cuatro horas no siento hastío alguno, me olvido de todo otro afán, no temo la pobreza ni me espanta la muerte: a tal punto, en efecto, me transfiero todo yo en ellos. Y, puesto que como dice Dante no hay ciencia sin retener lo que se ha entendido, yo he anotado lo que de su conversación he apreciado en mayor medida y compuesto un opúsculo, *De Principatibus*, en el cual profundizo hasta donde puedo las particularidades de este tema, discutiendo qué es un principado, cuántas son sus clases, cómo se adquieren, cómo se conservan y por qué se pierden. Y si alguna vez os agradó alguna fantasía mía no os habrá de disgustar ésta que debería, además, ser grata a un príncipe, especialmente a un príncipe nuevo, razón por la cual me dirijo al magnífico Giuliano...»

Las pistas que en la carta proporciona Nicolás Maquiavelo permiten, pues, deducir que *El Príncipe* fue escrito con cierta compulsividad —y de un tirón, por decirlo así— entre julio y diciembre de 1513, aprovechando un paréntesis en la redacción, más meditada y menos compulsiva, de los *Discorsi* que quedan momentáneamente abandonados a la altura de los capítulos 17 y 18 del primer libro. Varias son las razones que impulsaron a Maquiavelo a ese significativo e histórico alto en el camino cuyo fruto es su más conocido y directo texto político. En primer lugar el propio desarrollo teórico de los *Discorsi* (1) que responde, tal y como se desprende de la correspondencia con Vettori, a una aguda percepción de la crisis política italiana que le lleva —con certeras palabras de Granada— a «abandonar el trabajo melódico y lento de los *Discorsi* para abordar la presentación en forma de manifiesto de la nueva política mediante *El Príncipe*» (2). Hay, además, y en segundo lugar, una insoslayable motivación personal, bien explícita en la carta a Vettori: buscar el favor de los Médicis —a quienes, primero a Giuliano y tras su muerte a Lorenzo, dedica el libro— intentando con ello su retorno a la actividad política.

---

(1) Volveremos algo más adelante sobre este aspecto al tratar por separado la génesis y estructura de *El Príncipe*.

(2) Granada, M. A.: Introducción a *El Príncipe*, Barcelona, Materiales, 1979, p. 31.

Deseo, con todo y por el momento, incumplido. Hasta 1520 permanecerá Maquiavelo en el ostracismo sin que los Médicis hagan nada por sustraerle en esos años de su obligado alejamiento político. Son, sin embargo, aquellos (1513-1520), años de una extraordinaria fecundidad intelectual y literaria. En 1517 pone término a los *Discorsi* que dedica a los miembros de la tertulia de los Orti Oricellari: «no a quienes podrían llenarme de grados, honores y riquezas, sino a quienes no pudiendo querrían hacerlo». Este mismo 1517 redacta *L'Asino d'Oro* para un año más tarde escribir *La Mandrágora*, comedia cuyo éxito es notorio incluso en vida del propio Maquiavelo. En 1518 comienza a trabajar en el que junto a *El Príncipe* y los *Discursos* constituirá la trilogía esencial del autor como politólogo: *El arte de la guerra*, texto que no concluirá hasta 1520 pero que verá editado ya en 1521 (3).

A partir de 1520 y hasta su muerte en 1527, Maquiavelo recupera de nuevo —aunque en tono menor y desde luego sin parangón con la etapa de 1498 a 1512— cierto protagonismo en el entorno florentino. Giuliano de Médicis, que ha sustituido a Lorenzo en el gobierno de la ciudad, le encarga la redacción de una Historia de Florencia, tarea para la que se le asigna un plazo de dos años y un sueldo de cien florines. Minucioso también como historiador, Maquiavelo tardará algo más del plazo previsto en escribir sus *Istorie Fiorentine*, no concluyéndolas hasta 1525. Años estos últimos en los que la renovada actividad funcionarial coincide con notables éxitos literarios. Los estrenos de *Clizia* en Florencia primero (1525) y de *La Mandrágora* en Venecia después (1526), consagran a Maquiavelo, en vida, como un afamado dramaturgo, cuando se halla ya al borde de la muerte. Poco antes, sin

---

(3) *El arte de la guerra* es el único de los tres grandes textos políticos maquiavelianos impreso en vida del autor. Tanto *El Príncipe* —cuya primera edición es la de 1531— como los *Discorsi*, editados en 1532, salen a la luz algunos años después de morir Nicolás Maquiavelo.

embargo, de que ésta le sobrevenga, aún iban a ver sus propios ojos el desastre político y moral que suponía la entrada de las tropas imperiales en Italia. El orden nuevo que tanto soñara y a cuyo impulso teórico dedicó sus mejores obras estaba muy lejos de convertirse en realidad.

Tras la caída de los Médicis y el retorno de la república, Maquiavelo se ve de nuevo alejado de sus pequeños cargos públicos. El 21 de junio de 1527, aquejado por una peritonitis aguda, moría en Florencia Nicolás Maquiavelo. Apenas había transcurrido un mes desde el saco de Roma.

II. EL CONTEXTO HISTÓRICO DE LA REFLEXIÓN MAQUIAVELIANA

En su permanente diálogo con Maquiavelo señala con lucidez Gramsci el contexto que dota de sentido la obra maquiaveliana: «Es preciso considerar fundamentalmente a Maquiavelo como expresión necesaria de su tiempo, caracterizado por: a) las luchas internas de la república florentina y por la particular estructura del Estado que no sabía liberarse de los residuos comunales-municipales, es decir, de una forma de feudalismo que se había convertido en una traba; b) por las luchas entre los Estados italianos por su equilibrio en el ámbito italiano, que era obstaculizado por la existencia del Papado y de los otros residuos feudales, municipalistas y por la forma estatal ciudadana y no territorial; c) por las luchas de los Estados solidarios con un equilibrio europeo, o sea por las contradicciones entre las necesidades de un equilibrio interno italiano y las exigencias de los Estados europeos en lucha por la hegemonía.» (4)

Sobre Maquiavelo gravita el nacimiento —Francia, España— del Estado moderno cuyos fundamentos y conso-

---

(4) Gramsci, A.: *Notas sobre Maquiavelo, sobre la política y sobre el Estado moderno*, Buenos Aires, Nueva Edición, p. 21.

lidación teórica tendrán en él expresión definitiva. Más tarde habremos de referirnos a ello. Pero, exponente necesario de su tiempo, Maquiavelo vive Francia y España como los modelos de un fenómeno general, europeo, ante el que Italia se halla no ya rezagada, sino, más aún, impotente. A partir de 1494 la invasión francesa de Italia rompe el inestable equilibrio de los cinco grandes Estados italianos: Nápoles, Roma, Florencia, Milán y Venecia. En *El arte de la guerra* (1520) Maquiavelo señala con dramatismo la decadencia italiana a partir de 1494: «Creían nuestros príncipes italianos, antes de que experimentaran los golpes de las guerras ultramontanas, que a un príncipe le bastaba con pensar en su gabinete una aguda respuesta, escribir una carta hermosa, mostrar en sus dichos y en sus palabras agudeza y prontitud, saber tejer un engaño, adornarse con joyas y con oro, dormir y comer con mayor esplendor que los demás, tener a su alrededor las lascivias suficientes, gobernarse con sus súbditos avara y soberbiamente, pudrirse en el ocio, conceder por favor los grados militares, despreciar a quien le mostrara un camino loable o pretender que sus palabras fueran las respuestas de un oráculo. No se percataban los miserables de que se preparaban para ser devorados por el primero que los asaltara. De aquí nacieron después, en 1494, los grandes miedos, las repentinas huidas y las sorprendentes pérdidas.» (5)

La aguda percepción maquiaveliana de la crisis italiana es, pues, el motor que pone en marcha todos los mecanismos reflexivos de su discurso intelectual. Testigo implacable de su tiempo, ante el que, sin embargo, no quiere aparentar pasividad, Maquiavelo es consciente de que sólo la crítica rigurosa ofrece la posibilidad de un diagnóstico veraz de la situación. Tal y como señala Von Martin, «se da cuenta de que la cultura burguesa ha pasado ya su primavera y su verano, y que está dentro del otoño y que ya se hallaba ante las puertas del in-

---

(5) Citado por Granada, M. A.: *Maquiavelo*, Barcelona, Barcanova, 1981, p. 16.

vierno» (6). La lúcida descripción de las actitudes de los príncipes italianos —pudriéndose en el ocio— en *El arte de la guerra* es el testimonio de quien sabe ver hasta qué punto «la burguesía ascendente ha caído con este ideal estático en un cómodo pacifismo que se asusta del sacrificio, que trae consigo la decadencia de la *virtù*, en aquel su sentido legítimo dinámico, en el sentido de "forza", cuya suma expresión sigue siendo la guerra» (7). Seguridad, comodidad, pacifismo, ocio devastador, privatización: he aquí el catálogo de la decadencia que protagoniza la última generación de príncipes de la Italia descompuesta. El lujo y el adorno han sustituido a la fuerza y al esfuerzo. Se ha perdido el impulso y, con él, el norte mismo de la acción, el horizonte de una grandeza que no ofrece sino la triste y amarga caricatura de sus antiguos perfiles. Maquiavelo, testigo fiel, anuncia la crisis y busca con calculada reflexión la salida. ¿A qué espejo mirarse para salir de aquel atolladero en el que la historia y los propios errores han sometido a esa Italia que, como el mismo Maquiavelo dirá en *El arte de la guerra*, parece nacida «para resucitar las cosas muertas»? Republicano de ideal y monárquico de razón —razón histórica, desde luego— el autor de *El Príncipe*, renacentista auténtico, pone los ojos desde la amargura del presente, en el modelo de la antigua Roma, cuna de la *virtù* perdida e impulso para, mirándose en ella, recuperar la energía que la salve. Sólo mediante el retorno activo de la antigua *virtù*, a la *virtù* romana, le cabe a Italia despertar de la triste somnolencia en que sus últimos príncipes la tienen sumida. Contraponer la virtud que entonces (en la Roma antica) reinaba al vicio que ahora reina —palabras iniciales de los *Discursos*— es, en tal caso, mucho más que un recurso histórico, toda una estrategia orientada al cambio. Pero el orden nuevo, a imagen y semejanza del antiguo, requiere un prínci-

(6) Von Martin, Alfred: *Sociología del Renacimiento* Méjico, Fondo de Cultura Económica, 1946, p. 96.

(7) Von Martin: ob. cit., p. 97.

pe nuevo, pues sólo un príncipe dotado de la *virtù* (energía personal) necesaria puede sacar al país de la postración y el marasmo. He ahí, desde el contenido enrarecido de una crisis cuya visibilidad le dota a Maquiavelo de una mezcla de amargura y actividad teórica, las raíces de la reflexión política presente, complementariamente, en *El Príncipe*, los *Discursos* y *El arte de la guerra*. El condicionamiento del contexto sobre el texto mismo es, pues, todo menos retórico.

III. *EL PRÍNCIPE*: CLAVES Y ESTRUCTURA

¿Cómo leer *El Príncipe*? ¿Qué lectura evidencia mejor cuanto subyace a las combativas páginas del breve texto maquiaveliano dedicado a Lorenzo el Magnífico? Podemos partir de dos presupuestos diferenciados y, tal vez, igualmente válidos; más aún, incluso complementarios: a) una lectura de *El Príncipe* como discurso autosuficiente desde su intencionada dedicatoria hasta la última apelación, con Petrarca, al valor aún vivo de los corazones italianos; b) una lectura de *El Príncipe* como parte —esencial, sin duda— de la obra política de Nicolás Maquiavelo. Ambas lecturas son no sólo válidas, sino también necesarias y, por ello, mutuamente complementarias. La primera revelaría el impulso biográfico específico y el objetivo político inmediato de *El Príncipe* como manifiesto político, por decirlo con la ya inevitable expresión gramsciana. La segunda incidiría, además de en el sentido general de la obra del florentino como teórico de la práctica política (8), en el papel que a *El Príncipe* le cumple desempeñar en el conjunto.

_____

(8) De acuerdo con Namer (*Maquiavelo o los orígenes de la Sociología del Conocimiento*, Barcelona, Península, 1980, pp. 18-19), la reflexión maquiaveliana más que simple sociología o politología se inscribiría en el ámbito de la praxiología. No es sólo, pues, el intento de teorizar sobre la naturaleza del Estado ni de la sociedad en que se sustenta, sino de articular una teoría susceptible de vertirse en una técnica y, desde ella, corregir u orientar el curso mismo de los acontecimientos históricos.

Analizar *El Príncipe* como un elemento de la reflexión maquiaveliana sobre la política y el Estado plantea en primer lugar la pregunta en torno a la coherencia interna y a la continuidad o discontinuidad de esa misma reflexión. Vieja y ajada polémica detrás de la cual se esconde la interpretación dualista según la cual *El Príncipe* sería el libro monárquico de Maquiavelo cuyo republicanismo, por el contrario, brillará con luz propia en los *Discorsi*. O la más sutil de Rousseau que intenta justificar el aparente monarquismo de *El Príncipe* como una concesión a los Médicis, bajo cuya tiranía fue escrito, apariencia que no evita una profunda apología de la República, pues «fingiendo que da lecciones a los reyes, en realidad, las da, y muy grandes, a los pueblos». Como señala Gómez Robledo, un correcto entendimiento de la obra maquiaveliana debe disipar «el equívoco (...) de la supuesta oposición doctrinal entre los *Discorsi*, el libro de los republicanos y *El Príncipe*, el libro de los monárquicos» (9). Oposición inadmisible aunque se admita una cierta dualidad temática entre ambos textos.

Negar la coherencia interna del pensamiento de Maquiavelo a partir de la confrontación entre *El Príncipe* y los *Discursos* significa, pues, no sólo un error intencionado, sino también el cierre a una comprensión profunda de Maquiavelo. Desde Russo, en efecto, ha quedado claro hasta qué punto *El Príncipe* y los *Discursos* son dos momentos, dialécticamente complementarios, de un solo y sólido discurso teórico. Así, *El Príncipe* situaría su eje en el momento de la autoridad y el individuo (reflexión sobre la dictadura) mientras los *Discursos* se centrarían en el momento de lo universal y la libertad (reflexión sobre la hegemonía). Comentando a Russo escribe con sagacidad a este propósito

---

(9) Gómez Robledo, A.: «Nicolás Maquiavelo en su quinto centenario», Introducción a *El Príncipe*, México, Porrúa, 1970, p. XXVI.

Gramsci: «La observación de Russo es exacta, aun cuando en *El Príncipe* no faltan referencias al momento de la hegemonía o del consenso junto al de la autoridad o de la fuerza. Es justa así la observación de que no existe oposición de principio entre principado y república, sino que se trata de la hipóstasis de los dos momentos de la autoridad y de la universalidad.» (10) En parecido sentido cabría una formulación como la de Gómez Robledo, quien considera *El Príncipe* como la hipótesis y a los *Discursos* como la tesis de una misma configuración teóricamente unitaria e internamente coherente. La República como ideal, momento de la libertad y la democracia, tesis; el principado despótico como «hipótesis desesperada e inexorable». He aquí, señala Gómez Robledo, «la única dicotomía posible —pero no antinómica, una vez más— en el pensamiento político de Maquiavelo» (11).

Pero además de dos momentos de una misma reflexión, entre *El Príncipe* y los *Discursos* se puede advertir una cierta división del trabajo teórico. *El Príncipe* —obra breve, escrita de un tirón y en un paréntesis de la redacción de los *Discursos*— es, así, un texto relativamente compulsivo, casi podríamos decir que inevitable en cuanto supone una necesaria liberación expresiva de un autor, que responde a una percepción angustiada a la crisis italiana y a la búsqueda rigurosa de su salida histórica racional. Los *Discursos* son, por el contrario, la obra sistemática, elaborada, de lenta y procelosa escritura donde Maquiavelo va articulando con rigor el edificio de su pensamiento político. Una y otra, empero, están concebidas desde la misma atmósfera crítica, tanto personal (retiro a San Casciano, forzoso exilio interior) como ideológica. Pero *El Príncipe* surge —de ahí su tono de manifiesto— para motivar a la acción y tiene por ello una tonalidad literaria mucho más emotiva y corazonal. Los *Discursos* son, en cambio, una meditación mucho más sere-

---

(10) Gramsci: ob. cit., pp. 169-170.
(11) Gómez Robledo: ob. cit., p. XXVII.

na, en la que los presupuestos «prácticos» cuentan menos o apenas. Granada ha advertido con claridad este doble propósito que es, a su vez, prueba de coherencia, de ambos textos: «*El Príncipe* es (...) una obra que pretende impulsar a la acción, pero sobre la base de la "scienza política"; el análisis y la demostración teórica, racional, sustenta inevitablemente la obra y le da toda su fuerza y capacidad persuasiva, pero resulta evidente que en esta obra no puede encontrar (por su misma génesis, estructura y función) expresión explícita y completamente articulada todo el armazón teórico en que se apoya. Esta es (y será) la tarea de los *Discorsi*; en *El Príncipe* hay más bien y en buena medida elementos implícitos, expresión de principios y corolarios mediante el recurso del aforismo» (12).

El Príncipe: *estructura interna*

Una lectura lógica de *El Príncipe* no sólo puede sino que debe ser establecida a partir de su último capítulo, «Exhortación para ponerse al frente de Italia y liberarla de los bárbaros». El *leit-motiv* del texto está, sin duda, en esa final invocación que hace explícito su carácter de manifiesto y configura todo el sentido movilizador, hasta entonces relativamente encubierto, de las páginas anteriores. La tragedia de la realidad italiana, que ha ido desvelándose casi línea a línea del texto alcanza ahora en la pluma de Maquiavelo tintes casi apocalípticos: «más esclava que los hebreos, más sierva que los persas, más dispersa que los atenienses, sin un guía, sin orden, vencida, despojada, despedazada, asolada en todas las direcciones y víctima de la desolación». Ese es el impulso de *El Príncipe*: la Italia desolada que busca en las tinieblas alguien en quien poder depositar su esperanza, la Italia deseosa de «seguir una bandera a falta tan sólo de alguien que la enar-

(12) Granada: *Maquiavelo...*, ob. cit., p. 80.

17

bole». Un orden nuevo personalizado en un príncipe nuevo al que Maquiavelo convoca con urgencia a la tarea de redimir al país, pues le parece «que concurren tantas cosas en favor de un príncipe nuevo que no sé si habrá nunca otro tiempo más propicio que el presente».

Desde ese estímulo —que le sirve, además, para ensalzar a los Médicis, pues «no ve actualmente en quién puedan (los italianos) depositar mejor sus esperanzas si no es en vuestra ilustre casa»— se articula todo el andamiaje teórico y conceptual de *El Príncipe*. Andamiaje al servicio de la acción y, por tanto, concebido a partir de un tono lleno de emotividad en el que la función expresiva, persuasiva prima en buena medida sobre el razonamiento frío. Considerado como eje vertebrador, esa invocación final se explica por sí misma la estructura del texto: todo conduce, en suma, hacia allí y alcanza allí su plenitud de argumento encaminado a un fin. ¿Cuáles son, pues, los «argumentos»?

Un primer bloque —capítulos I al XI— analiza la naturaleza y clases de los principios así como las condiciones para crearlos, consolidarlos y mantenerlos. Es, pues, una reflexión genérica sobre el escenario político en la que se enfatiza la problemática del principado nuevo tanto en lo relativo al modo de acceder a él cuanto en lo concerniente a su conservación (y legitimación) una vez adquirido.

Los capítulos XII-XIV versan sobre lo que podríamos denominar en lenguaje contemporáneo el aparato militar, aspecto sin duda decisivo en el diagnóstico maquiaveliano de la crisis italiana contemporánea. En ellos se abortan, pues, los riesgos inherentes a las tropas mercenarias y auxiliares o, positivamente, la necesidad que un príncipe tiene de asentar los fundamentos de su dominación sobre un aparato militar propio. El tercer bloque —capítulos XV a XXIII— reflexiona en torno a las cualidades que deben guiar las acciones de los príncipes que es tanto como decir los recursos psicológicos que, como instrumentos, debe atesorar el príncipe moderno para conservar el poder y sentar las bases de la dominación social sobre sus súbditos. Meditación sobre los medios es, pues, un análisis de la psicología política desde el ser de las cosas y no desde el deber ser de las mismas. De alguna forma constituye la parte más universal y atemporal del discurso. Es, también, aquella en la que se han intentado fundamentar más las criticas morales a *El Príncipe* a partir de la consideración maquiaveliana de la dialéctica entre medios y fines:

«En las acciones de los hombres, y sobre todo de los príncipes, contra los cuales no hay tribunal al que recurrir, se considera primordialmente el fin. Procure, pues, el príncipe conservar su Estado y los medios serán siempre tachados de honrosos y ensalzados por todos porque el vulgo se deja seducir por las apariencias y el acierto final y en el mundo no hay sino vulgo.» (Cap. XVIII.)

El cuarto bloque —capítulos XXIV a XXVI— viene a ser la traducción a la crisis italiana —cuyo diagnóstico se aborda a grandes líneas— de los aspectos anteriormente descritos. Es en ella donde toda la articulación teórica del texto alcanza su plenitud y su sentido y donde, además, se discute rigurosamente sobre los conceptos claves de la obra: la relación entre fortuna y *virtù*, las nociones de necesidad, prudencia y oportunidad, etc. Con la vista puesta en la Italia desfalleciente, Maquiavelo intenta invocar al príncipe nuevo que levante desde su «virtud» irrefrenable el orden nuevo que la necesidad histórica reclama.

Los pilares teóricos de El Príncipe

La indagación teórica de Maquiavelo, su análisis de la naturaleza del Estado y de la legitimación carismática —en el sentido weberiano— del príncipe nuevo, la reflexión sobre el poder político y las bases sociales que constituyen su apoyo: todo, en suma, cuanto configura el impulso tanto reflexivo como práctico de la obra maquiaveliana tiene su origen en una previa visión del hombre y la naturaleza humana. El pesimismo antropológico de Maquiavelo es, así, el soporte de su concepción de la política y de las condiciones posibles de su transformación merced a la voluntad histórica de los sujetos y los pueblos.

No resulta difícil espigar entre los *Discursos* o *El Príncipe* muestras inequívocas de ese pesimismo antropológico del secretario florentino. «Quienquiera que desee fundar un Estado —puede leerse en los *Discorsi*— y dotarle de leyes debe suponer de antemano que todos los hombres son malos y están siempre dispuestos a mostrar su maldad cuantas veces tengan ocasión de ello.» (*Discorsi*, I, 3.) Textos semejantes abundan en *El Príncipe* como aquel —cap. XXIII— en el que, sin rodeos, se afirma que «los hombres son siempre *malos* de no ser que la *necesidad* les torne buenos».

Desde esta concepción genérica de la naturaleza humana deben fundarse los principios de una política realista capaz de desvelar las leyes que regulan —o pueden regular— las acciones de los hombres y, por tanto, el Estado como escenario donde se opera la regulación. La política —y en eso la modernidad de Maquiavelo es incuestionable— se define como una relación entre dominante y dominado: «por un lado —señala Maquiavelo en *El Príncipe*— el pueblo rechaza la opresión de los poderosos y, por otro, los poderosos desean dominar y oprimir al pueblo. De estas dos inclinaciones opuestas nacen en las ciudades uno de los tres efectos siguientes: o principio o la libertad o el libertinaje». La tarea del Estado es, así, asegurar la estabilidad y el orden articulando los oportunos mecanismos de dominación. Mecanismos que van desde la coerción y el despotismo presentes en *El Príncipe* —momento de la autoridad— hasta la hegemonía, mantenimiento, libertad, cuyo análisis más pormenorizado se lleva a cabo en los *Discursos*.

El pensamiento de Maquiavelo —a partir de los elementales presupuestos anteriores— puede ser explicado desde las relaciones habidas entre unos pocos conceptos nucleares: fortuna, *virtù*, oportunidad, necesidad. Acercarnos a ellos en una introducción a *El Príncipe* tiene el doble sentido de aproximárselos al lector antes de una lectura del texto y de enmarcar desde los mismos, el propio discurso teórico maquiaveliano.

La fortuna es para Maquiavelo factor externo básico de la acción humana; independiente en buena medida de la voluntad de los sujetos, la fortuna es el elemento imprevisible que dirige a los hombres y a los pueblos. Hasta qué punto acepta Maquiavelo la fatalidad de la fortuna es algo que en *El Príncipe* queda relativamente esclarecido en los términos siguientes:

«No se me oculta que muchos tenían y tienen la opinión de que las cosas del mundo están gobernadas de tal modo por la fortuna y por Dios que la prudencia de los hombres no puede corregir su curso ni hallar remedio alguno (...) No obstante, para que nuestra libre voluntad no quede anulada, juzgo posible que la fortuna sea el árbitro de la mitad de nuestras acciones, pero la otra mitad, o casi, nos es dejada a nuestro control.» (Cap. XXV.)

Todo el capítulo XXV de *El Príncipe* se halla repleto de sugerencias en torno a la relación de la fortuna con las acciones humanas, ¿Cómo se puede trocar el rumbo de la fortuna o, dicho de otro modo, en qué medida le cabe a los hombres orientar la fortuna? Maquiavelo es todo menos fatalista: la fortuna, amén de mudable, escoge a los impetuosos para realizar sus designios. Es preciso, pues, combatir a la fortuna con la *virtù* organizada e, inversamente, la fortuna «muestra (más) su dominio cuando no encuentra una virtud organizada» frente a ella. Ni nadie puede confiarse sólo a la fortuna ni cabe aceptarla pasivamente: como mujer que es, señala Maquiavelo, la fortuna es «amiga de los jóvenes porque éstos son menos circunspectos, más fieros y la dominan con más audacia». A la fortuna cabe oponer la *virtù*. La noción maquiaveliana de *virtù* como factor interno —personal o colectivo— de la acción (y la transformación) política es esencial. Por *virtù* entiende Maquiavelo la energía, la capacidad, el valor y el saber técnico mediante los cuales un príncipe —y por extensión los hombres— organiza y orienta su acción hacia fines deseados. *Virtù* es, pues, ímpetu, pero también decisión y prudencia; arrojo, pero también inteligencia, capacidad para emplear los recursos a tu alcance y conocimiento capaz de generar recursos propios. La *virtù*, que a veces se confunde con el entendimiento maquiaveliano de la prudencia es, asimismo, sentido de anticipación, provisión de riesgos que comporta movilización no tanto para los fines inmediatos, sino para una concepción de mayor alcance desde la cual se midan no sólo las ventajas a corto plazo —de las que es preciso cuidarse— sino también, y fundamentalmente, los riesgos inherentes, el «veneno que a menudo ocultan» las fáciles victorias. Virtud es, para terminar, capacidad de adaptación a las circunstancias. Y contra quien en una lectura fácil creyera que el solo objeto de la *virtù* es la adquisición o el mantenimiento del poder, Maquiavelo, aludiendo a Agatócles, ejemplo de tirano de la antigüedad, aclara: «no se puede considerar virtud al asesinato de los ciudadanos, la traición a los amigos, ni a la carencia de palabra, humanidad y religión. Tales medios pueden proporcionar poder, pero no gloria». La *virtù*, pues, aspira a la gloria y el poder tiene sólo sentido cuando es el medio para alcanzar esta última.

A la *virtù*, como dimensión subjetiva de las acciones políticas, se vinculan la necesidad *(necessità)* como imperativo de las cosas que conduce— y actualiza— la *virtù*, fuerza externa, que impulsa a la virtud a realizarse y la oportunidad *(occasione)*, mediación entre la fortuna y la *virtù*. Hablando de Ciro en *El Príncipe* deja bien claras Maquiavelo las relaciones entre fortuna, *virtù* y oportunidad: «Bien estudiadas la vida y conducta de Ciro se verá cómo la fortuna no intervino decisivamente sino que fue la oportunidad *(occasione)* quien le facilitó la materia sobre la que (...) introdujo la forma conveniente. Inútiles hubieran sido su talento y valor *(virtù)* si no se les hubiera presentado la ocasión de emplearlos, de la misma manera que no hubiera servido para nada la oportunidad sin sus cualidades personales.» (Cap. VI.)

Contra, desde, sobre Maquiavelo

Se ha escrito mucho más contra Maquiavelo o a favor de Maquiavelo que sobre Maquiavelo. Si, como gustaba decir Bachelard, se piensa contra alguien, es evidente que pocos autores podrían presumir de su carácter estimulante como aquel florentino de vida un tanto desdichada, a caballo siempre entre la frustración permanente y la incumplida esperanza de que sus deseos personales e históricos se convirtieran en realidad, que fue Nicolás Maquiavelo. Contra Maquiavelo se ha ido acumulando una extensa producción literaria de detractores directos o indirectos que han pretendido contraponer a los rasgos del príncipe maquiaveliano una definición «moral distinta del príncipe desde bases acristianas» o «humanistas». Si —lo señalaba ya Croce— el mérito de Maquiavelo radica en haber desterrado la moral de la política, esto es, en haber fundamentado la reflexión política sobre la naturaleza del Estado y, por extensión, sobre las leyes propias, específicas, que regulan su propio discurso, es preciso reconocer hasta qué punto sus detractores han reintroducido los factores morales para atacar a quien deseó soslayarlos o arrinconarlos. Enfrentarse con la figura de Nicolás Maquiavelo *sine ira et cum studio* implica una perspectiva que se sitúe en la doble intención de evaluar por un lado las aportaciones de Maquiavelo a la ciencia política y medir el carácter expresivo de la obra maquiaveliana como testimonio y respuesta a su tiempo histórico, por otro. Sólo, además, desde ambas plataformas podría emitirse un sólido juicio sobre la actualidad o la vigencia del pensamiento político del autor de *El Príncipe*, que sea más que fácil arma arrojadiza, un instrumento de reflexión y análisis.

Maquiavelo es, ante todo, el primero que fundamenta y legitima teóricamente el Estado moderno apelando a una reflexión de la política como ciencia y técnica libre de subordinación —clásica— a los principios morales. Hay que valorar, pues, con carácter prioritario ese mérito constituyente, fundante que alberga la obra maquiaveliana. La política es

23

susceptible de convertirse en una ciencia —la *scienza* política— que es tanto como afirmar la posibilidad de hallar las leyes que regulan la acción encaminada al logro y mantenimiento del poder de un lado y el establecimiento de nexos causales entre medios y fines, entre deseos y realidades. Como afirmaba Croce, Maquiavelo concibe la política de suerte que «está más allá, o mejor dicho, más acá del bien y del mal morales, en cuanto que tiene sus *leyes* a las que resulta vano rebelarse, y que no es posible exorcizar ni arrojar del mundo con agua bendita» (13). Semejante concepción le sitúa en los términos de intentar que la recién nacida ciencia política sea una codificación de los vínculos entre los factores objetivos, inescapables, y los factores subjetivos. He aquí el gran mérito teórico de Maquiavelo.

En efecto, si la ciencia política es la articulada reflexión teórica sobre las leyes que regulan las acciones de los sujetos en el orden político —entendiendo por tal el conjunto de instituciones desde las que se institucionaliza el poder y su ejercicio— cabe pensar que de ella se deriva una *teoría* y una praxiología, esto es, un tratado de los usos y las normas que permiten comprender la política como *actividad*. *El Príncipe* mismo, como manifiesto, es una invitación a *actuar* en la realidad desde los datos que la razón histórica aporta modificando el curso de los acontecimientos o interviniendo activamente en ellos. La política es, pues, una tensión dialéctica entre las condiciones objetivas —que no pueden ser soslayadas— y los factores subjetivos, esto es, la propia voluntad transformadora de los hombres. El concepto individualista —es el príncipe y no una fracción social quien funciona como agente social de «cambio»— que vertebra la teoría política maquiaveliana es una simple modulación, relativamente circunstancial, de ese principio. La circunstancia objetiva es, así, condicionamiento y no determinación de la acción histórica.

---

(13) Croce, B.: *Machiavelli et Vico, La politica e l'etica, Etica et Politica*, Bari, Laterza, 1956, p. 256.

Apelar a la *virtù* como concepto clave del pensamiento de Maquiavelo es tanto como introducir la voluntad —esto es, la psicología individual— como catalizador de los fenómenos sociales. Maquiavelo no es, pues, ni sociologista (el curso de los hechos sociales no se explica desde fuera del sujeto) ni toscamente psicologista: la voluntad de los sujetos —la *virtù*— tiene hechos inesquivables (la propia fortuna) tal y como en la constante alusión a César Borgia nos recuerda Maquiavelo. *Virtù* y fortuna —y sus mediaciones teóricas, necesidad y oportunidad— guardan entre sí una relación biunívoca: la fortuna condiciona la *virtù* y ésta —cuando está organizada— pone límites a aquélla.

En esa tensión, a veces teñida de dramatismo, entre voluntad y circunstancia reside una buena parte de la modernidad del pensamiento de Maquiavelo. Porque desde ella es posible desprender una visión internamente conflictiva de la realidad social, pero también la firme creencia de que la historia no es independiente de la voluntad de quienes la hacen.

BIBLIOGRAFÍA

1. EDICIONES DE LA OBRA DE MAQUIAVELO

1.1. Obras completas

Niccolo Machiavelli. Opere. Edición a cargo de S. Bertelli y F. Gaeta (8 vols), Milán, Feltrinelli, 1960-1965. (El volumen correspondiente a *El Príncipe* es el I, junto a los *Discorsi*.)

1.2. Ediciones de *El Príncipe*

1.2.1. *En italiano*

— *Il Principe*, ed. de Vitorio Caprariis, Bari, Laterza, 1961.
— *Il Principe,* de F. Chabod, Turín, Unione Tipográfica, 1944.
— *Il Principe,* ed. de L. Ruso, Florencia, Le Monnier, 1931.
— *Il Principe,* ed. de Maria Maggi, Rocca San Casciano, Capelli Editore, l960.
— *Il Principe e passi dei Discorsi sopra la prima Decca di Tito Livii,* Ed. de Montanari, Fausto, Turín: Petrini, 1967.
— *Il Principe ed altri Scritti*, ed. de G. Saso, Florencia, 1967.

1.2.2. *En castellano*

— *El Príncipe*, Madrid, Calpe, 1924. Traducción de José Sánchez Rojas.

- *El Príncipe*, Madrid, Espasa-Calpe, 1939 (col. Austral). No figura el traductor.
- *El Príncipe*, Madrid, 1955. Introduccion notas y apéndice de L. A. Arocenas (ed. bilingüe).
- *El Príncipe y otros escritos*, Barcelona, Ed. Iberia, 1958. Versión, prólogo y notas de Esteban Molist Pol.
- *El Príncipe, Discursos sobre la primera década de Tito Livio, La Mandrágora, Clizia*, Barcelona, 1961. Versión, prólogo y notas de J. A. G. Larraya.
- *El Príncipe*, México, Porrúa, 1970. Estudio preliminar de A. Gómez Robledo.
- *El Príncipe*, Barcelona, Bruguera, 1974. Estudio preliminar, tráducción y notas de Angeles Cardona.
- *El Príncipe*, Buenos Aires, Ed. Nautilus, 1976. No figura el traductor.
- *El Príncipe*, Madrid, EDAF. No figura el traductor.
- *El Príncipe*, Madrid, Alianza, 1981. Traducción e introducción de M. A. Granada (la misma traducción con una introducción algo más amplia en: Barcelona, Materiales, 1979).

2. OBRAS SOBRE MAQUIAVELO Y *EL PRÍNCIPE*

2.1. Biografías de Maquiavelo

BARINCOU E.: *Machiavel par lui-même*, París, Eds. Du Seuil, 1957.

MARCU, V.: *Maquiavelo, Buenos Aires,* Espasa Calpe, 1945.

PEZZOLINI, G.: *Vita di Nicolo Machiavelli florentino,* Milán, Longanesi, 1969.

RIDOLFI, R.: *Vita di Niccolo Machiavelli,* Florencia, 5.ª ed. 1972.

VILLARI, P.: *Niccolo Machiavelli ei suoi tempi* (3 vols.), Milán, 1912.

- *Maquiavelo, Barcelona,* Grijalbo, 1969

2.2. Contexto histórico

BURCKHARDTH, J.: *La civita del Rinascimiento in Italia*, Florencia, Sansoni, 1969.

CHABOD, F.: *Machiavelli and the Renaissance*, Londres, Bowes and Bowes, 1957.

DIETHEZT G.: *El hombre en los siglos XV y XVI*, México, Fondo de Cultura Económica, 1944.

GILBERT, F.: *Niccolo Machiavelli e la vita culturale del suo tempo*, Bolonia, Ed. Mulino 1969.

VON MARTIN, C.: *Sociología del Rénacimiento*, México, Fondo de Cultura Económica, 1970.

2.3. Estudios monográficos

CONDE, F. J.: *El saber político de Maquiavelo*, Madrid, Consejo Superior de Investigaciones Científicas, 1948.

CROCE B.: *Machiavetli et Vico La potitica e l'etica, Etica ét Politica*, Bari, Laterzá, 1945 (2.ª ed. 1956).

GARCÍA PELAYO, M.: *La modernidad de Maquiavelo*, Finisterre, 1948, II, pp. 191 y ss.

GRAMSCI, A.: *Notas sobre Maquiavelo, sobre la política y sobre el Estado moderno*, Buenos Aires, Nueva Visión, 1972.

LEFORT, C.: *Machiavet, le travail de l'oeuvre*, París, Gallimard, 1974.

MONNIU, G.: *Machiavel*, París, Eds. Du Seuil, 1958.

NAMER, G.: *Machiavel*, París: Presses Universitaires F., 1961.

— *Maquiavelo o los orígenes de la sociologia del conocimiento*, Barcelona, Península, 1980.

PAYOT, R.: «Jean Jacques Rousseau et Machiavel», *Etudes Philosophiques*, abril-junio, 1971.

RENAUDET, A.: *Machiavel. Etude d'historie des doctrines politiques*, París, Gallimard 1955.

SASSO, G.: *Niccolo Machiavelli Storia del suo pensiero politico*, Nápoles, Instituto Italiano per gli studi storici, 1958.

SOLÉ TURA, J.: «Reinterpretación de Maquiavelo», *Convivium*, 1970, II, n.º 32, pp. 72 y ss.

TRUYOL, A.: «Maquiavelo en el Centenario», *Revista de Occidente*, núm. 81, 1969, pp. 265 y ss.

EL PRÍNCIPE

NICOLÁS MAQUIAVELO AL MAGNÍFICO
LORENZO DE MÉDICIS

Los que desean conquistar el favor de un príncipe acostumbran, por regla general, a acercársele con aquellas cosas que le resultan más queridas o le son más deseables; es, así, frecuente observar cómo le son ofrecidos caballos, armas, telas bordadas con oro, piedras preciosas y adornos semejantes, dignos todos de su privilegiada grandeza. Queriendo yo ofrecerme a Vuestra Magnificencia con algún presente que sea testimonio de mi afecto y adhesión hacia Vos, no he hallado entre cuanto poseo cosa alguna de mayor valía que el conocimiento de las acciones de los grandes hombres, conocimiento atesorado por mí mediante una prolongada experiencia de los asuntos modernos y un constante e ininterrumpido estudio de los antiguos (1); tales acciones, tras haberlas analizado y examinado minuciosa y largamente, las envío ahora, condensadas en este pequeño volumen, a Vuestra Magnificencia. Aun cuando juzgo la obra indigna de Vos, confío, sin embargo, que vuestra magnanimidad os permita aceptarla, habida cuenta de que no puedo ofreceros nada mejor que el haceros posible comprender, en poco tiempo, todo

_____

(1) En sus anotaciones al texto de Maquiavelo escribe Cristina de Suecia: «Las dos escuelas de los grandes hombres.» Del mismo modo podrían considerarse ambos como los pilares fundamentales del saber político. Pero, como señala Granada, Maquiavelo presta más atención a lo largo del texto a los ejemplos contemporáneos que a los clásicos.

cuanto yo, a lo largo de muchos años de esfuerzo y expuesto a toda suerte de peligros, he conocido y aprendido.

No adorno este libro con palabras ampulosas o retóricas, recursos mediante los cuales suelen otros muchos embellecer sus obras. Yo he pretendido que mi texto sólo se distinga merced bien a lo singular de su materia bien a la solidez de sus reflexiones. No quisiera tampoco que se tomara como presunción —o pareciese temerario— que un hombre de tan baja e ínfima condición como yo se atreva a formular reglas sobre el arte de gobernar: pues así como los que pintan un paisaje montañoso se sitúan en la llanura o los que hacen lo propio con el valle ascienden al punto más elevado del monte, así también para conocer el espíritu de un pueblo es preciso ser príncipe y para conocer a un príncipe es necesario pertenecer al pueblo. Acoja, pues, Vuestra Magnificencia este pequeño obsequio con la misma buena voluntad que yo os lo envío; si lo leéis y meditáis con atención os será fácil reconocer dentro de él mi deseo: veros alcanzar la grandeza que vuestro destino y vuestras cualidades prometen. Y si Vuestra Magnificencia, desde la eminente altura en que se halla, se digna descender la mirada hasta la humildad de mi persona, reconocerá cuán inmerecidamente he soportado las injusticias a que me ha hecho acreedor la adversa fortuna.

CAPÍTULO I

DE LAS CLASES DE PRINCIPADOS
Y DE LOS MODOS COMO SE ADQUIEREN

Los Estados (2) y soberanías que han tenido o tienen autoridad sobre los hombres en un territorio han sido y son o repúblicas o principados. Los principados son bien hereditarios, en razón de que impere la misma casa de forma prolongada, bien nuevos. Estos últimos —los nuevos— o lo son enteramente —como Milán para Francisco Sforza (3)— o son miembros añadidos al Estado hereditario del príncipe que los adquiere, como el reino de Nápoles respecto al rey de España (4). Los territorios adquiridos de tal modo o se hallaban gobernados antes por un príncipe o go-

---

(2) A pesar del riesgo de la excesiva literalidad, peligrosa cuando se trata de expresiones cuyo significado actual dista bastante del estrictamente renacentista, hemos convenido en traducir *Stati* por Estado (y no por forma de gobierno) y *domini* por dominio o territorio indistintamente.

(3) Francisco Sforza (1401-1466) tomó en 1434 al Papa Eugenio IV la marca de Antona que configuró como Estado independiente. Protector y conquistador, hasta su fallecimiento, del ducado milanés.

(4) Se refiere a Don Fernando el Católico, que conquistó Nápoles para la Corona española en 1504. Como es sabido, Nápoles pasó a formar parte de la Corona de Aragón en 1442, reinando Alfonso V. En 1707 se pierde definitivamente para España. A la figura de Fernando el Católico se refiere por extenso Maquiavelo en el capítulo XXI, «De cómo debe conducirse un príncipe para lograr la estima».

zaban de libertad; y se conquistan con las armas ajenas o con las propias, merced a la fortuna (5) o gracias al valor y al talento (6).

(5) Tanto en éste como en otros contextos el término fortuna se usa en su acepción medieval como suerte, bien favorable, bien adversa.

(6) Para evitar la posible ambigüedad, traducimos *virtù* por valor y talento, más equivalente al sentido maquiaveliano de virtud como energía personal.

CAPÍTULO II

DE LOS PRINCIPADOS HEREDITARIOS

No hablaré aquí de las repúblicas por cuanto ya he reflexionado por extenso acerca de ellas en otro lugar (7). Me detendré, pues, tan sólo en los principados (8), y ateniéndome a las anteriores distinciones examinaré la forma en que éstos pueden ser gobernados y conservados.

Comenzaré señalando cómo en aquellos Estados hereditarios habituados a la dinastía de sus príncipes es bastante menor la dificultad de conservarlos que en el caso de los nuevos, pues basta con respetar el orden establecido por los antecesores y adaptarse a los acontecimientos; de tal manera, si el príncipe posee un mínimo de habilidad siempre conservará su Estado salvo si surge una extraordinaria corriente de opinión contraria que le prive de él; y aun desposeído, lo recobrará en cuanto sobrevenga la primera adversidad al usurpador.

---

(7) Se refiere al primer libro de los *Discursos sobre la primera Década de Tito Livio*, obra en la que se sistematiza el pensamiento político de Nicolás Maquiavelo. Como ya hemos señalado —véase estudio preliminar—, Maquiavelo escribió *El Príncipe* en un paréntesis de la redacción de los *Discorsi*.

(8) Aquí anota Napoleón en los comentarios que se le atribuyen: «Sólo esto merece la pena, por más que digan.» Es un ejemplo de la escasa penetración de tales anotaciones, cuya edición completa carece de otro interés que el meramente anecdótico. Más sugestivas las de Cristina de Suecia, tampoco significan, en general, una aportación relevante.

Ejemplo de ello es, en Italia, el duque de Ferrara (9), quien pudo resistir los asaltos de los venecianos en el 84 y del Papa Julio en el 10 sólo porque su estirpe gozaba de gran antigüedad en el territorio. Así, el príncipe hereditario posee menos necesidad de ofender a sus súbditos y, en consecuencia, es más amado por éstos, de suerte que si no se hace aborrecible por sus vicios, resultan lógicos el respeto y la aceptación de los suyos. Pues la propia antigüedad y continuidad del gobierno apaga los deseos y disminuye los anhelos de innovación, mientras que un cambio deja siempre sentados los cimientos para otro nuevo.

---

(9) Hace referencia a Alfonso de Este, excomulgado por Julio II, que pretendió en vano despojarle de su ducado. Las cifras se refieren a 1484 —asalto de los venecianos— y 1510-12, ataques de Julio II.

CAPÍTULO III

DE LOS PRINCIPADOS MIXTOS

De lo anterior se deduce que las mayores dificultades se hallan en el principado nuevo. Y si no es por completo nuevo, sino un miembro incorporado al Estado anterior —fenómeno que origina lo que podría denominarse un principado mixto—, los inconvenientes surgen, en principio, de una dificultad natural, común a todos los principados nuevos, a saber: con la esperanza de mejorar los hombres cambian con agrado de señor, creencia que les empuja a empuñar las armas contra el que los gobierna; notorio engaño, pues la experiencia tarda poco en demostrarles con frecuencia que su situación y su suerte han empeorado. Fenómeno éste que proviene de otra necesidad, igualmente natural y frecuente: aquella en virtud de la cual el nuevo príncipe se halla obligado a vejar a sus súbditos recientes, ya sea con la presencia de tropas, bien mediante los infinitos agravios que la conquista comporta. De tal modo te encuentras que se convierten en enemigos todos aquellos a quienes cercena sus intereses la ocupación del principado, no pudiendo, además, conservar como amigos a los que te ayudaron a adquirirlo porque ni es posible satisfacerlos en la medida de sus esperanzas ni usar contra ellos enérgicas medidas; porque, aun siendo muy poderosos los ejércitos propios, para entrar en un país (10) siem-

---

(10) Aunque Maquiavelo habla de provincia y *provinciale,* el sentido del texto obliga a traducir país y/o moradores o habitantes de éste.

pre se tiene necesidad del favor de sus moradores. Por esta razón, Luis XII, rey de Francia, perdió Milán con la misma rapidez con que lo había conquistado; bastó para ello con el regreso, en la primera ocasión, de las tropas de Ludovico (11), porque los mismos que le habían abierto las puertas, defraudadas sus expectativas, no pudieron soportar los inconvenientes ligados a la presencia del nuevo príncipe.

Cierto es, sin embargo, que, reconquistados, los países que se rebelan se pierden luego con más dificultad por cuanto el señor, aprovechando la oportunidad de la rebelión, emplea sin miramientos los medios para asegurarse su dominación, castigando a todos los que delinquieron, vigilando a los sospechosos y reforzando las partes más débiles y desunidas. Por todo ello, si para que Francia perdiese Milán bastó la primera vez con el hostigamiento de Ludovico en las fronteras del ducado, para arrebatárselo la segunda ocasión fue preciso tener en su contra al mundo entero, así como que sus ejércitos fueran destrozados y expulsados de Italia. Notoria diferencia que proviene de las causas expuestas con anterioridad. Pero de una u otra forma, empero, Milán le fue arrebatado. Explicadas ya las causas que subyacen a la primera pérdida, nos resta hacer lo propio ahora con las que produjeron igual efecto en la segunda y analizar los remedios (12) de que dis-

---

(11) Ludovico el Moro, tras abandonar Milán —cuyo pueblo se puso de parte de los franceses contra los Sforza—, regresó al ducado milanés, una vez que la población se rebeló contra los franceses. Derrotado luego por éstos en Novara, Ludovico murió en Francia, adonde fue conducido tras su derrota.

(12) Como se observa, Maquiavelo alude a *remedios* intentando un cierto paralelismo entre la política y la medicina, del mismo modo que en otros lugares lo hará con la arquitectura. El ejemplo más notorio se hallará páginas más adelante dentro de este mismo capítulo III, cuando, aludiendo a los romanos escribe: «Acontece con esto lo que dicen los médicos que acontece con la tisis: es en principio fácil de curar y difícil de reconocer, pero si pasa el tiempo, no habiéndola ni diagnosticado ni medicado es fácil de reconocer pero difícil de curar.» Maquiavelo destaca así la dimensión *técnica* del fenómeno político, comparable a las ciencias como la arquitectura o la medicina y analizable, por tanto, en términos semejantes.

ponía Luis XII y cuáles, por tanto, debe tener en su mano cualquiera que se halle en su misma situación para mantenerse en el territorio conquistado sin perderlo, como le aconteció a Francia en aquella ocasión.

Digo, por tanto, que los Estados que al ser conquistados se agregan a otro Estado antiguo del conquistador, o son del mismo país y de la misma lengua o no lo son. En el primer caso, su conservación resulta sencilla, sobre todo si no se hallan habituados a vivir libres. Para poseerlos con alguna seguridad basta con extinguir la dinastía antes dominante, manteniéndoles en todo lo demás sus antiguas tradiciones y formas de vida. Así ha sucedido, por ejemplo, en Borgoña, Bretaña, Gascuña y Lombardía, unidas a Francia durante tanto tiempo, pues aunque haya algunas diferencias en la lengua, las costumbres son, sin embargo, muy semejantes y pueden, unas y otras, vivir en armonía. Aquel que adquiere territorios nuevos de estas características debe tener en cuenta, si desea retenerlos, dos principios: extinguir la dinastía del antiguo príncipe y no alterar las leyes ni los tributos. Cumpliendo tales requisitos, el nuevo territorio se anexionará en breve plazo al antiguo principado, constituyendo ambos un solo cuerpo. Pero cuando se conquistan Estados en un país de lengua, costumbres e instituciones (13) diferentes, la tarea de mantenerlos sujetos se halla erizada de dificultades, requiriendo tanto el favor de la fortuna (14) como una extraordinaria habilidad. Uno de los mejores y más eficaces procedimientos consiste en que quien los adquiere fije en ellos su residencia, con objeto de hacer más segura y duradera la posesión. Así lo hicieron los turcos en

---

(13) El texto habla de *ordini*. Traducimos por instituciones, soslayando tanto el literal —y confuso— «órdenes» como el de «leyes», que, sin embargo, prefieren algunas versiones castellanas.

(14) Maquiavelo escribe «fortuna e grande industria». Respetamos, como en otras ocasiones, una traducción literal de fortuna, convirtiendo «industria» en ingenio o habilidad personal casi como si se tratara de un sinónimo de la maquiaveliana *virtù*.

Grecia (15). Nunca, en efecto, a pesar de todas las precauciones puestas en práctica, hubieran éstos conservado el Estado si no trasladan su residencia a él. Porque sólo viviendo en el país conquistado se ven surgir los desórdenes y se pueden arbitrar los remedios con prontitud; si se está lejos, en cambio, se advierten cuando son ya tan extensos como irremediables. En tal caso, además, la nueva provincia se ve libre del expolio a que puedan someterla los recién nombrados gobernadores, y los súbditos se encuentran más satisfechos porque pueden apelar directamente al príncipe, razón por la cual tendrán ocasiones para hacerse temer, en caso contrario. Téngase en cuenta, por último, que la permanencia del príncipe en el territorio conquistado impone más respeto a los extranjeros que desean ocuparlo. Viviendo en él el príncipe, en suma, se hace harto más fácil su defensa y mucho más difícil la pérdida.

Otro excelente remedio (para conservar los pueblos conquistados) consiste en establecer colonias (16) en una o dos plazas clave dentro del Estado con el objeto de mantener vinculado el territorio, porque de no hacerlo así es preciso ocuparlo militarmente con amplios contingentes de caballería e infantería. Las colonias no son demasiado costosas y con apenas gasto se las consigue mantener, perjudicando tan sólo a los que se les priva de sus haciendas para entregarlas a los nuevos habitantes, que suelen ser una parte exigua de la población indígena. De este modo, los desposeídos, al quedar pobres y dispersos, no le pueden ocasionar daño alguno, y los restantes, ante el temor de ser expoliados como los otros, permanecerán silenciosos para no cometer ningún error.

---

(15) La caída de Constantinopla, tras las sucesivas invasiones turcas en la península de los Balcanes (a partir de Murad II), sobreviene en 1453, pasando a convertirse en Estambul, centro del Imperio turco en Europa.

(16) El tema de las colonias es tratado «in extenso» en los *Discorsi*. La concepción maquiaveliana de las colonias se aproxima al significado romano de las mismas, esto es, bases, ante todo, de carácter militar y sólo secundariamente político o económico.

Concluyo, pues, señalando que estas colonias no son gravosas, son más fieles y ocasionan menos perjuicios al Estado, y los agraviados, sumidos en la pobreza y el abandono, carecen de facilidad para levantarse. Debe ser norma a seguir que a los hombres se les ha de ganar —bien por los hechos, bien con las palabras— o aplastar, pues se vengan de las leves ofensas, pero no de las grandes. De tal suerte, el agravio que se haga a un hombre debe ser de tal envergadura que no haya lugar a temer su venganza.

Pero si en lugar de establecer colonias se mantiene un ejército de ocupación, el gasto es sobremanera mayor, porque todas las rentas obtenidas en el nuevo Estado se invertirán en el sostenimiento de las tropas. De esta forma, la conquista se transforma en pérdida y los inconvenientes derivados son mucho mayores porque los daños se extienden a toda la población, convirtiéndose los habitantes en potenciales enemigos, tanto más peligrosos cuanto que permanecen, vencidos, en sus casas. Tales razonamientos prueban la inviabilidad de la ocupación militar y proclaman las excelencias de las colonias.

El nuevo soberano de Estado distante y diferente del suyo debería, además, ser jefe y protector de los vecinos más débiles con el objeto de debilitar a los más poderosos e impedir a toda costa la intervención en cualquier asunto de un extranjero tan fuerte como él, porque este sería llamado por los descontentos, ya fuera por miedo o por simple ambición. Téngase en cuenta el ejemplo de cómo los etolios introdujeron a los romanos en Grecia y cómo fueron llamados también por los habitantes de otras provincias en donde hicieron su entrada. Lo normal de este orden de cosas es que, tan pronto como un extranjero poderoso invade un país, se adhieren a él, y se ponen a su disposición los menos potentes, movidos por la envidia hacia los que son más poderosos que ellos. De tal suerte acontece que, sin gastos ni sacrificios, el extranjero logra la adhesión de los más débiles que voluntariamente se apiñan junto al Estado recién adquirido. Sólo tiene que procurar, en tal caso, que éstos no adquieran excesiva fuerza ni autoridad; logrado lo cual puede, con sus propios recursos y el esfuerzo de los más débiles, aplastar a los poderosos y quedar como dueño y árbitro absoluto de todo el país; así, el que no sepa valerse de estos procedimientos perderá bien pronto cuanto hubiere adquirido o experimentará innumerables dificultades y contratiempos mientras dura su conservación.

Los romanos observaron muy bien tales reglas en los países conquistados: creaban colonias, protegían a los más débiles sin permitir que aumentaran su influencia, debilitaron el prestigio de los poderosos y no consintieron jamás que adquiriera la menor reputación extranjero poderoso alguno. Fijémonos, a título de ejemplo, en el caso de Grecia: empezaron allí apoyando a los aqueos y etolios, aplastaron luego el reino de Macedonia y expulsaron, finalmente, a Antioco. Pero los méritos contraídos por los aqueos y los etolios no les indujeron jamás a permitir que éstos ensanchasen su poder ni, tampoco, la persuasión que sobre ellos ejercía Filipo les condujo a considerarle del todo como amigo, ni el poder de Antioco, por último, a consentir que tuviera en el país mando sobre territorio alguno. Los romanos hicieron entonces lo que cualquier príncipe prudente (17) debe hacer siempre, a saber: no cuidarse sólo de los problemas presentes sino también de los venideros y del modo de superarlos con todos los recursos de su habilidad porque vislumbrando con antelación las dificultades lejanas, puede encontrárseles fácil remedio, pero esperando a que ocurran, el bálsamo no llega a tiempo por ser ya incurable la enfermedad. Acontece con esto lo que dicen los médicos que acontece con la tisis: es en un principio fácil de curar y difícil de reconocer, pero si pasa el tiempo, no habiéndola ni diagnosticado ni medicado, es fácil de reconocer pero difícil de curar. Algo parecido sucede con los asuntos de Estado. Si se prevén los peligros (provisión sólo

---

(17) El sentido de la prudencia en Maquiavelo es bien diferente al que éste posee en su uso castellano. Prudencia (y prudente en el caso del príncipe) comporta, tal y como en el texto queda claro, sentido de la anticipación, capacidad para prever riesgos.

accesible a los que obran con prudencia), se conjuran en seguida, pero cuando se desconocen y se dejan crecer sin cuidarse de ellos, ya no tienen posible remedio.

Por eso, los romanos, previsores, supieron conjurar los peligros antes de que aumentaran sin eludir la guerra, pues sabían bien tanto que las guerras no se evitan aplazándolas como que el retraso beneficia siempre al enemigo. Así, pelearon en Grecia contra Filipo y Antioco para evitar tener que hacerlo en Italia años después. Fácil les hubiera resultado entonces eludir la contienda. Pero ni quisieron eludirla ni hicieron caso de la máxima de gozar del beneficio del tiempo, siempre en boca de los sabios de nuestra época. Atendieron, por el contrario, los dictados de la virtud y la prudencia porque el tiempo todo lo arrastra y puede traer consigo tanto lo bueno como lo malo.

Pero volvamos a Francia y examinemos si siguió de algún modo —como hizo Roma— los principios que acabamos de exponer. No hablemos de Carlos (VII) sino de Luis (XII) porque duró más tiempo la dominación de éste sobre Italia y nos ofrece mejor ocasión para analizar sus acciones. Veréis ahora cómo hizo lo contrario de lo que las circunstancias aconsejaban para conservar un Estado en un país diferente al suyo.

El rey Luis entró en Italia merced a la ambición de los venecianos que deseaban la mitad de la Lombardía valiéndose del monarca francés. No pretendo censurar el partido seguido por el rey porque si quería sentar sus plantas en Italia y carecía en ella de partidarios y amigos, se hallaba obligado a echar mano de las alianzas que se le ofrecían, máxime habiéndole cerrado todas las puertas la conducta del rey Carlos. Tengo para mí que de no haberse equivocado en el resto, su empresa hubiera logrado el más completo de los éxitos. Una vez conquistada Lombardía, el monarca recuperó la reputación que Carlos había perdido: Génova cedió, los florentinos se convirtieron en sus aliados; el marqués de Mantua, el duque de Ferrada, los Bentivoglios, la señora de Forli, los señores de Faenza, de Pésaro, de Camerino, de Prombino, Luca,

Pisa y Siena, todos le salieron al encuentro con el deseo de ser sus aliados. Y entonces se apercibió Venecia de la temeridad de su decisión: para adquirir dos plazas en Lombardía habían hecho al monarca francés dueño y señor de dos terceras partes de Italia. Que cada cual considere ahora con qué facilidad pudo el rey mantener su dominio si hubiera observado las reglas a que nos hemos referido y conservar seguros y bien defendidos a todos los aliados quienes, por ser tantos, tan débiles y temerosos (los unos del Papado, los otros de Venecia) tenían necesidad de apoyarse en él y ayudaban a contrarrestar la presión de los que aún conservaban su poder en la península. Y, sin embargo, apenas ocupó Milán, hizo justo lo contrario de lo que sus intereses aconsejaban ayudar al Papa Alejandro para que ocupara la Romaña, sin tener en cuenta que con ello debilitaba su propia causa, y se privaba a sí mismo de sus amigos y aumentaba el poderío de la Iglesia a la que confería un poder temporal tan importante como el poder espiritual del que emanaba su autoridad. Cometido este error, viose obligado a cometer otros hasta que, para poner término a la ambición de Alejandro para impedir que se apoderara de Toscana, se vio forzado a venir a Italia. No contento con haber engrandecido a la Iglesia y perdido a sus naturales aliados, su deseo de enseñorearse del reino de Nápoles le llevó hasta compartirlo con el rey de España. Así, siendo antes árbitro absoluto de Italia, se trajo a ella a su rival, al que podrían recurrir los descontentos y ambiciosos, y cuando le era posible dejar en aquel reino un monarca tributario suyo, le expulsó de allí llamando a quien se hallaba en condiciones de arrojarle a él mismo.

No hay, en efecto, nada más natural y ordinario que el deseo de adquisición y cuando lo ejercen los hombres cuyas circunstancias lo permiten, más dignos son de alabanza que de censura; pero cuando no pueden y quieren realizarlo de cualquier forma, se tornan merecedores del desprecio y la censura. Si el rey de Francia tenía capacidad para asaltar Nápoles con sus solas fuerzas, debió llevarlo a cabo; pero si carecía de ella, no debió nunca decidirlo. La repartición de

Lombardía con los venecianos se hallaba justificada porque le permitía su entrada en Italia; el reparto de Nápoles con España, sin embargo, es digno de censura porque no había motivo alguno que lo aconsejara.

Cometió el rey Luis, por tanto, los cinco errores siguientes: aniquilar sin más a las pequeñas potencias, acrecentar el poderío de los grandes, traer hasta Italia a un extranjero fuerte, no fijar aquí su residencia y no establecer, por último, colonias. Errores graves que, con todo, no hubieran sido irreversibles de no haber cometido el sexto error: despojar de sus territorios a los venecianos; pues de no haber aumentado el poderío de la Iglesia ni llamado a Italia a los españoles, humillar Venecia hubiera sido necesario y aun razonable; pero tras adoptar tales medidas, jamás debió consentir la ruina de éstos por cuando una Venecia poderosa era firme garantía para mantener a los demás alejados de la Lombardía. Hecho éste del que no cabe duda, bien porque Venecia no hubiera cedido a las ilusiones de sus vecinos, bien porque los otros jamás hubieran pretendido arrebatársela a Francia ni, por último, mostrar audacia suficiente para atacar a ambas potencias.

Y si algunos alegaran que el rey Luis cedió a Alejandro VI la Romaña y a los españoles el reino de Nápoles para evitar una guerra, les respondo repitiendo lo que antes señalé: no se debe jamás permitir la continuación de un desorden para eludir una guerra, porque ésta no se evita, sino que tan sólo se retrasa en detrimento propio. Y el que argumentase la promesa hecha por Luis al Papa mediante la cual accedía a la conquista de la Romaña a cambio de eliminar cualquier impedimento a su matrimonio y del capelo cardenalicio para el Arzobispo de Rouen, hallará mi respuesta en lo que luego señalaré respecto a la fe de los príncipes y el modo como deben guardarla. El rey Luis perdió, en suma, la Lombardía por no observar ninguna de las reglas seguidas por cuantos conquistan provincias con ánimo resuelto de conservarlas, cosa, por otro lado, nada extraordinaria, sino muy natural y cotidiana. De esta materia tuve ocasión de hablar en Nantes con el cardenal de Rouen (18) cuando Valentino (nombre con el que el vulgo denominaba a César Borgia, hijo del Papa Alejandro VI) ocupaba la Romaña. Al señalarme el cardenal de Rouen que los italianos no entendíamos de la guerra, le respondí que los franceses no entendían nada de los asuntos de Estado, ya que, si entendieran algo, jamás hubieran permitido que la Iglesia alcanzara tanto poder. La experiencia nos confirma que Francia tuvo la culpa de que se incrementasen en Italia el poder de la Santa Sede y de España, lo que, inevitablemente, precipitó su ruina. De todo lo cual se desprende una regla general que o nunca o muy rara vez falla: quien ayuda a otro a engrandecerse labra su propia ruina, puesto que para ello debe emplear o su habilidad o sus fuerzas, medios ambos que infunden graves sospechas al que ha llegado a ser fuerte y poderoso.

---

(18) La ocasión a la que alude Maquiavelo es en 1500, fecha de su primera legación a Francia.

CAPÍTULO IV

POR QUÉ RAZÓN EL REINO DE DARÍO, CONQUISTADO POR ALEJANDRO, NO SE REBELÓ CONTRA LOS SUCESORES DE ÉSTE DESPUÉS DE SU MUERTE

Al considerar las dificultades que se experimentan para conservar un Estado recién adquirido, podría alguien preguntarse con asombro cómo aconteció que Alejandro Magno llegara a ser dueño de Egipto y del Asia Menor en pocos años y, muerto apenas había conquistado tales territorios, cuando parecía razonable que se alzaran en rebelión, los sucesores de Alejandro los conservaron sin hallar otra dificultad que la derivada de su ambición personal. A tal pregunta responderé lo siguiente: los principados de los que poseemos memoria se gobiernan de dos formas: bien mediante un príncipe, auxiliado por siervos que ejercen como ministros por concesión suya, o bien por un príncipe o nobles cuya alta posición tiene su origen no en la gracia del príncipe, sino en virtud de la antigüedad familiar. Estos grandes tienen súbditos y Estados propios que les reconocen como soberanos y sienten hacia ellos afecto y fidelidad. En los Estados gobernados por un príncipe y servidores, el príncipe goza de una autoridad superior porque nadie reconoce en sus territorios otra soberanía que la suya y, si obedecen a algún otro, lo hacen por su calidad de ministro u oficial sin dispensarles especial afecto. Turquía y Francia nos ofrecen en la actualidad ejemplos de cada una de estas dos clases de gobierno. La primera —Turquía— se halla gobernada por un solo señor y son todos los demás sus vasallos: dividido el reino en provincias, envía a ellas administradores que nombra y cambia a su arbitrio. El monarca francés, por el contrario, está rodeado de un sinfín de nobles cada uno de los cuales tiene fieles y obedientes vasallos, nobles cuyos privilegios no les pueden ser arrebatados por el rey sin arriesgarse a toda suerte de peligros. Quien considere y reflexione acerca de ambos Estados concluirá en la gran dificultad para conquistar el Estado turco, pero también cómo, una vez realizada la ocupación, sería extremadamente fácil conservarlo.

La razón de las dificultades que comporta ocupar el reino del turco estriba en que es imposible por un lado ser llamado por príncipes del reino ni existe esperanza, por otro lado, de que facilite su empresa la rebelión de los que se hallan junto al rey. Hecho que se deduce de los argumentos ya expuestos, porque, siendo todos esclavos del monarca y encontrándose ligados a él por vínculos de lealtad, resulta sobremanera complicado corromperles; y aun en el supuesto de que fueran corrompidos, de poca utilidad resultaría ello al serles imposible atraer hacia sí al pueblo por las razones ya señaladas. De este modo, quien ataque a los turcos debe tener claro que los hallará unidos y le conviene confiar más en sus propias fuerzas que en la debilidad del contrario. Pero una vez derrotados sus ejércitos —en el caso de poder abatirlos— ya no sería necesario temer más que a la familia del príncipe, porque una vez extinguida ésta, el resto carece del suficiente favor popular; y así como el vencedor no podría esperar nada de ellos antes de la victoria, tampoco debe temer nada una vez conseguida.

Todo lo contrario acontece con los reinos gobernados como Francia: en ellos se puede entrar con facilidad la anuencia de algunos nobles, pues es sencillo encontrar descontentos y partidarios del cambio. Éstos, por las razones ya mencionadas, pueden abrirte las puertas del país y facilitarte la victoria. Pero mantenerte en el Estado conlleva infinitas dificultades, tanto por parte de los que te han ayudado como de los oprimidos. No basta aquí la extinción de la familia del príncipe puesto que quedan señores capaces de erigirse en cabeza de nuevas conspiraciones. Y como de hecho no se puede ni contentarles ni aquietarles, el Estado se pierde en cuanto se presenta la primera ocasión.

Ahora bien, considerando la naturaleza del gobierno de Darío, lo encontraréis semejante al caso turco. Alejandro se vio obligado, en primer lugar, a atacarlo en su totalidad hasta enseñorearse por completo del territorio. Pero derrotado y muerto Darío, el Estado quedó seguro en manos de Alejandro en virtud de las razones expuestas arriba. Y, si sus sucesores se hubieran mantenido unidos, les habría sido fácil disfrutar pacíficamente del reino porque no surgieron en él otros tumultos que los suscitados por ellos mismos. No es posible, sin embargo, conservar con tanto sosiego los Estados gobernados como Francia. Las continuas rebeliones de España, de Francia y de Grecia contra los romanos, tuvieron su origen en los numerosos principados existentes en aquellos Estados, razón por la cual los romanos jamás estuvieron seguros mientras hubo memoria de los mismos. Borrado su recuerdo, empero, los romanos fijaron su dominio merced a su propia fuerza y a la estabilidad de su gobierno, hasta el extremo de que, cuando se hallaban enfrentados entre sí, lograba atraerse cada fracción una u otras provincias en función de la autoridad antes ejercida sobre los dominados porque, desaparecidos los antiguos señores, sólo obedecían a los romanos. Reflexionando, en suma, acerca de todos estos hechos nadie debe asombrarse de la facilidad con que Alejandro conservó Asia bajo su cetro ni de las dificultades con que tropezaron Pirro y tantos otros a la hora de conservar sus conquistas, cosa que no ha de atribuirse al mayor o menor talento y capacidad del vencedor sino, más bien, a la diversidad de los vencidos.

CAPÍTULO V

DEL MODO COMO HAN DE GOBERNARSE LAS CIUDADES O LOS PRINCIPADOS QUE ANTES DE SU OCUPACIÓN SE REGÍAN MEDIANTE LEYES PROPIAS

Cuando se desea conservar los Estados adquiridos que se encuentran acostumbrados a vivir en libertad y con sus propias leyes, se dispone de tres procedimientos: el primero, destruyéndolos; trasladando a ellos la residencia, el segundo, y dejarles vivir con sus leyes, imponiéndoles un tributo y constituyendo un gobierno de pocos miembros que asegure su fidelidad, el tercero. Semejante gobierno, en la medida que ha sido nombrado por el príncipe, sabe que no puede subsistir sin su apoyo y hará cuanto esté en su mano para mantener la autoridad de éste. Tal es el medio mejor para lograr la dominación de una ciudad habituada a gobernarse mediante sus propias leyes. Los espartanos y romanos nos proporcionan ejemplos aleccionadores de ello. Los espartanos adquirieron Atenas y Tebas y establecieron un gobierno formado por un reducido número de ciudadanos, a pesar de lo cual, al final, las perdieron. Los romanos, en cambio, destruyeron Capua, Cartago y Numancia para conservar su posesión y no las perdieron. Cuando quisieron conservar Grecia de forma semejante a los espartanos, dejándola en libertad de regirse por sus leyes, fracasaron en su intento y se vieron obligados a destruir numerosas ciudades para sujetar el país. Pues, en efecto, no hay otro modo mejor de asegurar su posesión que destruyéndolos. Así, quien se convierta en señor de una ciudad acostumbrada a vivir en libertad y no la aniquila, cuente con ser destruido por ella, porque el recuerdo de sus antiguos fueros, difícil de olvidar por los beneficios o por el transcurso de los años, le servirá siempre como bandera para la rebelión y por más que se haga o se tomen precauciones, si no se dispersa a sus habitantes, jamás olvidarán ni su libertad ni sus instituciones y a ellas recurrirán en cualquier momento, tal y como hizo Pisa tras cien años de sometimiento a los florentinos.

Pero, cuando las ciudades o provincias están acostumbradas a vivir bajo la dominación de un príncipe, si la estirpe de éste se extingue, comoquiera que se hallan habituados a la obediencia, no son capaces de ponerse de acuerdo para elegir un nuevo soberano ni aciertan a vivir en libertad. Son, así, más lentos en tomar las armas, lo que facilita a cualquier príncipe no sólo su conquista sino también su conservación. En las repúblicas, sin embargo, hay más odio, más vida y más anhelo de venganza y el recuerdo de la libertad perdida convoca de tal modo su memoria que el procedimiento más seguro para el príncipe es: o conquistarlas o fijar en ellas su residencia.

CAPÍTULO VI

DE LOS NUEVOS ESTADOS QUE SE ADQUIEREN CON EL ESPUERZO PERSONAL Y LAS ARMAS PROPIAS

Que nadie se asombre si en la exposición que voy a iniciar de los principados enteramente nuevos, del príncipe y del Estado, me valga como ejemplo de ilustres personajes. La razón no es otra que, caminando los hombres casi siempre por sendas que otros abrieron y procediendo en su conducta por imitación, como no pueden seguir en todo los caminos de otro sin elevarse a la perfección de los que imitan, debe el hombre prudente escoger siempre las vías trazadas por los grandes hombres e imitar a aquellos que sobresalieron del resto a fin de que, si no logra igualarles, se les acerque al menos. Se debe, pues, hacer como los prudentes arqueros que, cuando creen muy distante el blanco y conocen bien el alcance de su arco, apuntan a mayor altura que el objetivo deseado con la finalidad no de llegar con la flecha a tanta altura sino de alcanzar el blanco propuesto.

Advierto, por tanto, que en los principados enteramente nuevos, se encuentra mayor o menor dificultad para conservarlos en razón del carácter más o menos valeroso de quien los adquirió. Y dado que ascender de particular a príncipe presupone o talento o fortuna, tanto aquél como ésta mitigan en parte muchas de las dificultades. Sin embargo, se ha comprobado que a veces se sostenían mejor aquellos a los que les era adversa la fortuna. Proporciona, asimismo, ventajas que el príncipe se vea obligado a residir en el Estado recién adquirido.

Refiriéndonos ya a los príncipes que alcanzaron tal rango merced a sus propios merecimientos y no por la fortuna deben citarse en primer término Moisés, Ciro, Rómulo, Teseo y otros similares; y aunque Moisés debería ser excluido, por tratarse de un mero ejecutor de los designios de Dios, merece ser admirado, sin embargo, por la gracia que le hacía digno de hablar con Dios. Si examinamos con atención el comportamiento de Ciro y de otros que, como él, adquirieron o fundaron reinos, advertiremos tanto que es merecedor de elogio cuanto que, en sus líneas maestras, se asemeja mucho a la de Moisés, que tuvo tan alto preceptor. Bien estudiados la vida y conducta de Ciro, se verá cómo la fortuna no intervino decisivamente, sino que fue la oportunidad (19) quien le facilitó la materia sobre la que cada uno de ellos introdujo la forma conveniente. Inútiles hubieran sido su talento y valor si no se les hubiera presentado la ocasión de emplearlos de la misma manera que no hubiera servido para nada la oportunidad sin sus cualidades personales.

Le era, pues, necesario a Moisés encontrar al pueblo de Israel, esclavo y oprimido en Egipto, para que, deseoso de abandonar la esclavitud, le siguiera. Era, asimismo, necesario que Rómulo no encontrara quién le cuidase en Alba y que todos le abandonaran para convertirse en rey de Roma y fundador de la nueva patria. Necesario fue, también, que Ciro hallara a los persas descontentos de la dominación de los medos y a éstos débiles y afeminados por una larga paz. Teseo, por último, no hubiera podido demostrar su valor de haber encontrado dispersos a los atenienses. Las oportunidades, por tanto, proporcionan a estos hombres el éxito de sus empresas,

---

(19) La oportunidad para Maquiavelo es una especie de mediación histórica entre la fortuna y la *virtù*. La oportunidad, dimensión objetiva, contexto, circunstancia, actualiza, haciéndola operativa, la *virtù*. Una y otra guardan entre sí, pues, una relación dinámica y dialéctica desde la cual se articula lo que sería la acción histórica, ya revestida —tras la combinación de ambos conceptos— de una cierta «fatalidad». En el texto, como se ve, la articulación se ilustra, aristotélicamente desde las nociones de materia y forma.

oportunidad que su talento supo aprovechar para hacer célebre y engrandecer su patria.

Los que por procedimientos similares a los de estos héroes alcanzan el eminente rango de príncipe, llegan a dicha posición con dificultad pero la conservan con facilidad. Las dificultades que experimentan dependen, en buena medida, de los cambios que necesitan introducir para fundamentar el Estado y afirmar su dominio. Debe tenerse en cuenta a este propósito que nada hay más difícil de realizar ni nada de más dudoso éxito en la práctica que la implantación de nuevas instituciones, pues el introductor tiene como enemigos a cuantos obtuvieron provecho del régimen anterior y encuentra sólo tímidos defensores entre los favorecidos con el orden nuevo, timidez que nace tanto del miedo a los adversarios como de la incredulidad de los hombres, los cuales no se convencen de la bondad de algo nuevo hasta que no lo ven confirmado en la práctica. De aquí se sigue que los enemigos de todo cambio se unan para combatirlo en cuanto hallan coyuntura favorable, mientras el resto lo defiende con tibieza poniendo así en peligro al príncipe y a ellos mismos. Es, por tanto, necesario, cuando se pretende reflexionar seriamente sobre este punto, discriminar si los innovadores se valen a sí mismos o dependen de otros, es decir, si para ejecutar sus proyectos necesitan apelar a la persuasión o recurrir a la fuerza (20). En el primer caso, fracasará siempre; si son independientes, en cambio, y pueden apelar a la fuerza, rara vez peligran. He aquí una de las razones de por qué los profetas armados han vencido siempre y los desarmados perecido. Porque, además de lo expuesto, es preciso contar con la naturaleza voluble de los pueblos en virtud de la cual resulta tan fácil convencerles de algo nue-

---

(20) Desde el prólogo de Russo se ha convenido, de acuerdo también con Gramsci, en ver *El Príncipe*, ante todo, como el texto maquiaveliano donde se sitúa el énfasis de la coerción por encima de la hegemonía. La fuerza —y su uso «legítimo»— proporciona consenso. No depender de otros, contar con «fuerza» propia —aparato militar propio, etc.— es un elemento decisivo del discurso político.

vo como difícil mantenerles en su convencimiento. Conviene, en consecuencia, hallarse preparado de forma que cuando ya no crean se les pueda hacer creer por la fuerza. Moisés, Ciro, Teseo y Rómulo no habrían podido lograr la observancia de las Constituciones durante largo tiempo si hubieran estado desarmados, como en nuestros días le ha sucedido a Fray Jerónimo Savonarola (21), cuyas innovaciones fracasaron tan pronto como las gentes comenzaron a perder su confianza en él por cuanto carecía de los medios coercitivos para mantener firmes a los que habían creído y para hacer creer a los incrédulos. Grandes dificultades y peligros obstaculizan el camino de tales príncipes; dificultades y peligros que han de salvar mediante su talento. Pero cuando los superan y comienzan a ser respetados, como han sojuzgado a la casta de los envidiosos, quedan poderosos, seguros, honrados y felices.

A los ejemplos ilustres que he hecho mención quiero añadir uno no tan insigne que tiene, sin embargo, cierta semejanza con los aludidos, y hace innecesarios muchos otros parecidos: el de Hieron de Siracusa. De simple particular se convirtió en príncipe de la ciudad merced no a la fortuna, sino a la oportunidad. Oprimidos los de Siracusa, le eligieron capitán y por sus méritos le elevaron a príncipe (22). Y fue tan virtuoso, hasta en sus asuntos privados, que quien escribe acerca de él dice: «Nada le faltaba para reinar excepto el reino.» (23) Licenció el viejo ejército y formó uno nuevo; abandonó a sus antiguos amigos y pactó alianzas nuevas, y como podía contar con aliados y soldados propios, edificó sobre tales cimientos con una solidez tan extraordinaria que lo que le costó mucho esfuerzo adquirir pudo luego conservarlo con poco.

---

(21) Savonarola (1452-1498), dominico, semiprofeta y predicador, procesado y quemado en público tras granjearse la enemiga de Alejandro VI. La alusión de Maquiavelo a Savonarola —cuya figura cita con mayor profusión en los *Discorsi*— se atiene, exclusivamente, al ámbito de lo político.

(22) Traducción libre de Justino.

(23) Justino, XXII.4: «Quod nihil illi deerat ad regnandum praeter regnum.»

CAPÍTULO VII

DE LOS PRINCIPADOS NUEVOS ADQUIRIDOS MEDIANTE LA FORTUNA Y CON ARMAS AJENAS

Aquellos particulares que, gracias a la ayuda de la fortuna, se convierten en príncipes ascienden con poco esfuerzo, pero les cuesta mucho mantenerse como tales. Apenas encuentran obstáculos en su camino porque parecen llevar alas; llegados ya, sin embargo, comienzan las dificultades. En este caso se hallan los que logran un principado o por dinero o gracias a la voluntad de otro, tal y como sucedió en Grecia, donde, en las ciudades de Jonia y del Helesponto, Darío, para su propia gloria y seguridad, nombró soberanos (24). Tal era, asimismo, la condición de los emperadores romanos que acudieron al trono imperial con el soborno a los soldados. Unos y otros se mantienen por la sola voluntad y fortuna de los que les elevaron, fundamentos ambos volubles e inestables. Y no saben ni pueden sostener su rango. No saben porque, de no ser hombres de talento y valor singulares, habiendo vivido como simples particulares, no es probable que sepan mandar; no pueden porque carecen de tropas cuya amistad y fidelidad tengan garantizados. Además, los Estados que surgen súbitamente, como las restantes cosas de la naturaleza que nacen y crecen de pronto, ni arraigan ni se consolidan, pudiendo ser

---

(24) Se trata de la división en Satrapías o provincias, al frente de las cuales situó Darío un hombre de su confianza (Sátrapa).

destruidos apenas sopla el primer viento desfavorable. De no ser que quienes de súbito han accedido al principado posean, como antes señalé, especial destreza para aprender con rapidez cómo conservar lo que ha puesto en sus manos la fortuna, y a condición de que, ya príncipes, sepan hallar los fundamentos que los otros procuran adquirir antes de serlo.

De estas dos maneras de llegar al principado —o el valor o la fortuna— citaré dos ejemplos extraídos de nuestra época: Francisco Sforza (25) y César Borgia. El primero se convirtió en duque de Milán merced a su valor y habilidad, y conservó con poco esfuerzo lo que había logrado con sumo trabajo. César Borgia —llamado vulgarmente duque Valentino— adquirió el Estado gracias a la fortuna de su padre, y lo perdió al faltar éste, pese a recurrir a todos los medios posibles al alcance de un hombre prudente para enraizarse en aquellos Estados adquiridos con el concurso de las armas y la fortuna ajenas. Pues, como hemos señalado más arriba, quien no pone los cimientos en primer lugar podrá sentarlos luego si posee un gran talento, pero no sin molestias para el arquitecto ni peligros para el edificio. Si examinamos con atención las acciones del duque se observará cómo había procurado sólidos fundamentos para la futura dominación; examen, desde luego, nada ocioso, porque ni yo mismo acertaría a proponer normas mejores como consejo a príncipes nuevos que el ejemplo de su conducta. Si fracasó en su empresa no fue por culpa suya, sino en virtud de una extraordinaria y extrema animadversión de la fortuna (26).

Para engrandecer a su hijo el duque, Alejandro VI (27) se hallaba frente a numerosas dificultades presentes y futuras. No veía medio, en primer lugar, para convertirle en so-

_____

(25) Véase nota 3.

(26) Aquí se advierte la contradicción en la cadena argumental de Maquiavelo en torno a Borgia. Antes, en efecto, ha culpado tímidamente a César Borgia de su suerte; ahora, por el contrario, le exime por completo de culpa y hace recaer todos sus males en la «extrema animadversión de la fortuna».

(27) Alejandro VI, Papa a partir de 1492, era, en realidad, Rodrigo Borgia.

berano de un Estado que no pertenecía a la Iglesia, y cuando
dirigía su mirada hacia un Estado eclesiástico sabía que ni el
duque de Milán ni los venecianos consentirían en ello, porque Faenza y Rimini se hallaban ya bajo la protección de
Venecia. Observaba, además, cómo los ejércitos de Italia, y
en especial aquellos de los que hubieran podido servirse, estaban en manos de quienes temían el fortalecimiento del Papa.
No podía, en consecuencia, fiarse de ellos, habida cuenta de
que tales tropas se hallaban al mando de los Orsini, los
Colonna y sus aliados (28). Era, pues, necesario modificar semejante estado de cosas e introducir el desorden en sus
Estados para apoderarse sin riesgo de una parte de ellos, tarea que resultó fácil porque se encontró con que los venecianos, movidos por razones distintas, habían decidido el retorno de los franceses a Italia. Retorno que facilitó Alejandro
mediante la disolución del antiguo matrimonio del rey Luis.
Entró, por tanto, el monarca francés en Italia con la ayuda de
los venecianos y el consentimiento de Alejandro. Apenas llegó a Milán proporcionó tropas al Papa para conquistar la
Romaña, empresa que coronó con éxito gracias a la reputación del rey francés. Habiendo, pues, el duque adquirido la
Romaña derrotando a los Colonna, tropezaba con dos obstáculos si deseaba conservarla y extender sus dominios: estriba-
ba el primero en la escasa confianza que le merecían sus tropas; consistía, el segundo, en la voluntad de Francia, es decir,
en el riesgo de que los ejércitos de los Orsini, de los que se
había servido hasta entonces, le fallaran ahora, arrebatándo-
le, incluso, lo adquirido, sospecha que también le cabía en relación con el monarca francés. Su desconfianza en los Orsini
se basaba en el escaso ardor que mostraron cuando atacó
Bolonia, tras la toma de Faenza. Respecto al rey, conocía ya
su estado de ánimo cuando, después de apoderarse del duca-

---

(28) Los Colonna y Orsini dominaban Roma —presa de semejante
fraccionamiento— a la subida al Papado de Alejandro VI. Maquiavelo alude aquí a los esfuerzos del nuevo Papa por resolver las luchas intestinas
entre ambas familias.

do de Ursino, acometió el asalto de la Toscana y Luis XII le hizo desistir de la empresa. Razones por las cuales el duque resolvió no depender en lo sucesivo ni de los ejércitos ni de la fortuna ajenos.

De tal forma comenzó debilitando los partidos de los Orsini y de los Colonna en Roma. A los nobles que militaban entre ellos les atrajo hacia su causa otorgándoles honores, cargos y dinero según la condición de cada uno, de suerte que al cabo de pocos meses habían olvidado sus antiguas vinculaciones y consagrado su fidelidad enteramente al duque. Deshecho ya el partido de los Colonna, esperó la ocasión de acabar con los Orsini, momento que llegó oportunamente y fue aprovechado a la perfección, pues advirtiendo —tarde ya— los Orsini que la alianza del duque y la Iglesia les conduciría a la ruina, convocaron una Dieta en Magiona del Perusino. De ahí surgió la rebelión de Urbino, los disturbios de la Romaña, así como un enjambre de peligros para el duque que éste logró superar con la ayuda de los franceses. Recobrado ya su prestigio, no fiándose de Francia ni de ninguna otra fuerza extraña, y con el objeto de no arriesgar apenas, recurrió a la astucia, y disimuló tan bien sus verdaderos propósitos que los Orsini, por mediación de Paulo, se reconciliaron con él. El duque mostró todo tipo de cortesías para ganar su confianza, les regaló vestidos, dinero y caballos, y los demás, ingenuos, acudieron a ponerse en sus manos en Sinigaglia. Derrotados, pues, los cabecillas y trocados sus partidarios en amigos y aliados del duque, éste logró afianzar y cimentar sólidamente su poder porque no sólo poseía ya bajo su cetro toda la Romaña con el ducado de Urbino, sino que se había ganado, también, el afecto de los pueblos que comenzaban a gustar el bienestar de que gozaban. No pasaré por alto este aspecto por encontrarle tan ejemplar como digno de reconocimiento. Cuando el duque conquistó la Romaña, hallábase gobernada por señores ineptos más atentos al robo de sus vasallos que a corregir el desorden, razón por la cual les habían dado motivos de desilusión, hasta el extremo de que la provincia entera estaba sembrada de forajidos que se entregaban a toda clase de tropelías. Ante tal estado de cosas juzgó necesario establecer un gobierno fuerte como medio de pacificarla y someterla a la autoridad del soberano. Con tal finalidad envió allí a Ramiro de Orco, hombre cruel y expeditivo al que confió plenos poderes. No tardó mucho éste en convertir el territorio en una provincia pacífica y unida, y aumentar con ello la reputación del duque. Pero pronto juzgó el duque que el empleo de tan rígida autoridad podía acabar resultando odiosa, y estableció un tribunal civil en el centro de la provincia, presidido por un hombre estimado y en el que cada ciudad disponía de su propio abogado defensor. Y como sabía que los rigores pasados le habían granjeado algún odio, para ganar el beneplácito de todos los pueblos quiso dejar claro que las crueldades cometidas no debían imputársele a él, sino a la acerba naturaleza de su ministro. Y a la primera ocasión propicia le expuso una mañana en la plaza de Cesena partido en dos mitades, con un trozo de madera y un cuchillo ensangrentado al lado. La ferocidad de semejante espectáculo hizo que aquellos pueblos quedaran, durante algún tiempo, tan satisfechos como estupefactos (29).

Pero regresemos al hilo de nuestro tema. Decía que al duque —ya poderoso y en parte seguro ante los peligros presentes por hallarse armado y por haber destruido en buena medida las armas de los que, en virtud de la cercanía, podían dañarle— le restaba aún, si deseaba ampliar sus conquistas, el temor al rey de Francia, pues era consciente de que el rey, que, aunque tarde, se había apercibido de su error, no se lo consentiría. Por ello comenzó a buscar aliados nuevos, mostrándose vacilante cuando los franceses llegaron a Nápoles

---

(29) He aquí la demostración más palpable del entendimiento maquiaveliano de la violencia como instrumento o como recurso de cohesión social. El orden social se funda, pues, o en el consenso o en la violencia, siendo la «crueldad» una necesidad funcional para el mantenimiento del orden social mismo. No es, pues, psicológica, sino sociológicamente, como cabe leer el escueto aserto de Maquiavelo.

para combatir a los españoles que sitiaban Gaeta. Su objetivo era asegurarse frente a ellos, y lo habría conseguido de haber seguido vivo Alejandro.

Tal fue su conducta en lo relativo a los problemas presentes. Por lo que respecta a los futuros, temía, en primer lugar, que el sucesor de su padre en el Papado le fuera hostil y tratase de arrebatarle lo que Alejandro le había dado. Trató de enfrentarse al peligro que creía avecinársele mediante cuatro procedimientos. En primer lugar, extinguir las familias de todos los señores a quienes él había despojado, a fin de quitar al Papa la ocasión de ayudarles; en segundo lugar, como ya he dicho, ganarse a todos los nobles de Roma para poder frenar con ellos al Papa; en tercer lugar, atraer en lo posible al colegio cardenalicio, y, en cuarto lugar, adquirir, antes de que el Papa falleciera, el máximo poder para hallarse en condiciones de resistir por sí mismo el primer asalto. De estas cuatro cosas había logrado que a la muerte de Alejandro se realizaran las tres primeras y la cuarta se hallaba casi a punto de conseguir. En efecto, mató a cuantos pudo atrapar de entre los señores despojados y muy pocos se salvaron; logro granjearse la adhesión de los nobles romanos y de la mayor parte del Sacro Colegio, y en lo relativo a nuevas conquistas, tenía planeado adueñarse de la Toscana, y poseía ya Perusa y Piombino, manteniendo Pisa bajo su protección, y comoquiera que no debía temer a Francia (porque los españoles habían arrojado a los franceses del reino de Nápoles, de forma que ambos, españoles y franceses, se veían obligados a solicitar su amistad), se lanzaría sobre Pisa, se le rindió a renglón seguido Luca y Siena, en parte por miedo y en parte por envidia a los florentinos. De esta guisa, los florentinos se hallaban a su merced. Si la empresa hubiera triunfado —y comenzaba a acercarse el triunfo el año que murió Alejandro VI—, habría adquirido tal poderío y tal prestigio que hubiera logrado vencer merced a sus propios recursos, sin depender ya jamás de la fortuna y las fuerzas ajenas. Pero Alejandro murió sólo cinco años después de que el duque comenzara a desenvainar la espada. Lo dejó cuando únicamente había consolidado el territorio de la Romaña, con las restantes conquistas aún en el aire, enfermo de muerte y cercado de dos poderosísimos ejércitos enemigos, pese a lo cual eran tantas la energía y el valor del duque, conocía tan bien cómo se ganan o pierden los hombres y eran tan sólidos los cimientos sobre los que supo asentar su dominio, que de haber gozado de salud o no haber tenido enfrente los ejércitos adversarios hubiera salvado todas las dificultades. La prueba fehaciente de la solidez de sus cimientos está en que la Romaña se mantuvo fiel durante más de un mes; en Roma, aunque moribundo, se hallaba seguro, y a pesar de que los Baglionis, Vitellis y Orsinis llegaron a la misma ciudad, no encontraron a nadie que alzara sus armas contra él. Y si no pudo lograr que fuera elegido Papa quien él deseaba, pudo conseguir, al menos, que no lo fuera quien él no quería. Si la muerte de Alejandro VI le hubiera sorprendido con buena salud todo habría salido según sus propósitos. Él mismo me dijo personalmente, durante los días en que fue elegido Papa Julio II, que había previsto todo cuanto pudiera suceder al fallecimiento de su padre y creía poseer remedio para cada cosa, pero que jamás había pensado hallarse también él mismo a punto de morir en aquel momento.

Analizadas todas las acciones del duque, no me atrevería a censurar ninguna. Antes bien, me atrevo a proponerle como modelo a todos aquellos que, mediante la fortuna y con las armas ajenas, ascienden al poder. Porque él, persona de altas miras y nobles prendas, no podía conducirse de otro modo; tan sólo la breve vida de Alejandro y su propia enfermedad se opusieron a sus designios. Quien juzgue, pues, necesario en su principado nuevo asegurarse de sus enemigos, ganarse amigos, vencer, bien por la fuerza, bien por el engaño, hacerse amar y temer por los pueblos, lograr que los soldados le sigan y respeten, desprenderse de quienes puedan o deban causarle daño, reformar el orden antiguo, ser severo y apreciado, magnánimo y liberal, suprimir la tropa infiel y crear otra nueva, conservar la amistad de príncipes y reyes, de manera que te beneficien con su cortesía o teman ofenderte, no podrá hallar ejemplo mejor que las acciones del duque. Tan sólo se le puede acusar de no haber elegido con más tino el nombramiento de Julio II. No pudiendo, en efecto, y como ya he señalado, escoger un Papa a su gusto, podía evitar, al menos, que fuera nominado un adversario suyo, y no debió permitir jamás que la decisión recayese o en uno cualquiera de los cardenales a quienes el había dañado o en o los que, convertidos en Papa, sintieran hacia él temor, pues sabido es que los hombres sólo agreden o por miedo o por odio. Los cardenales a quienes había dañado eran, entre otros, los de San Pedro ad Víncula, Colonna, el de San Jorge y Ascanio. Todos los restantes tenían sobrados motivos para temerle si accedían al Papado, excepto el de Rouen y los españoles: éstos, porque, amén del parentesco, no podían olvidar los favores que le debían; el francés, por su poder, toda vez que tenía tras de sí la protección de Francia. El duque, por tanto, debió procurar a toda costa que fuera elegido un Papa español y, de no poder lograrlo, conseguir el nombramiento del cardenal de Rouen y no el de San Pedro ad Víncula. Quien crea que las nuevas recompensas hacen olvidar, entre los grandes personajes, las antiguas injurias, se engaña. Erró, en suma, el duque en esta elección y ello ocasionó su ruina final.

CAPÍTULO VIII

DE LOS QUE LLEGARON AL PRINCIPADO POR MEDIO DE MALDADES

Pero como de simple particular es posible acceder al principado a través de otros dos caminos bien diferentes, que no se identifican por completo con la fortuna o el valor, he de reflexionar aquí acerca de ambos, aun cuando el examen de uno de ellos debe hacerse con más detenimiento al tratar de las repúblicas. Tales caminos son bien el acceso al principado, merced a acciones malvadas y detestables, bien el caso de que un particular ascienda a la condición de príncipe con el favor de sus conciudadanos. Y hablando ya de la primera vía aludiré a dos ejemplos, uno antiguo y otro actual, sin entrar en ulteriores consideraciones en torno a su bondad, pues juzgo que basta, al que se encuentre necesitado de ello, con imitarle.

El siciliano Agatocles llegó a rey de Siracusa desde una condición que se puede tildar no sólo de ordinaria y común, sino incluso de vil e ínfima. Hijo de un alfarero, llevó durante toda su vida una conducta reprobable, no obstante lo cual acompañó sus perversas acciones de tal fortaleza de espíritu y aun de cuerpo que, dedicado a la carrera militar, pasó, a través de sus distintos grados, de mero soldado a pretor de Siracusa. Ya pretor, hallándose resuelto a convertirse en príncipe y retener con violencia y sin deberle a nadie la dignidad que, libremente, habíanle otorgado sus conciudadanos, comunicó primero sus deseos al cartaginés Amílcar, que se hallaba con las tropas en Sicilia. Convocó, después, una mañana al Senado y al pueblo de Siracusa, bajo el pretexto de deliberar asuntos concernientes a la república, y a la señal convenida hizo que sus soldados asesinasen a los senadores y a los varones más ricos de la ciudad. Muertos éstos ocupó y conservó el principado sin lucha civil alguna. Y aunque fue por dos veces derrotado —e incluso sitiado— por los cartagineses, pudo no sólo defender su ciudad, sino que también, dividiendo su ejército y dejando parte de él en ésta con el objeto de custodiarla, atacó con el resto África y en apenas tiempo liberó de su asedio a Siracusa y puso a los cartagineses en tales dificultades que se vieron obligados a contentarse con la posesión de África, dejando Sicilia a Agatocles.

Nada debe atribuirse, por tanto, a la fortuna si examinamos a fondo las acciones y la valía personales de Agatocles. Si llegó a la soberanía no fue por el favor de nadie, sino por el ascenso en la escala militar con toda suerte de fatigas y peligros. Y si después se mantuvo en ella fue mediante un sinfín de decisiones tan arriesgadas como valerosas. Sin embargo, no se puede considerar virtud (30) el asesinato de los conciudadanos, la traición a los amigos ni a la carencia de palabra, humanidad y religión. Tales medios pueden proporcionar poder, pero no gloria. No se puede considerar a Agatocles inferior a ningún otro capitán si se tiene en cuenta su tenacidad para arrostrar los peligros, la habilidad desplegada en sortearlos y su grandeza de ánimo para superar una y otra vez las adversidades. Pero su feroz crueldad, sus infinitas maldades, nos impiden incluirle en el catálogo de los grandes hombres. No es posible, en suma, atribuir a la virtud o a la fortuna lo que sin fortuna y sin virtud supo conseguir Agatocles.

En nuestros días, y durante el pontificado de Alejandro VI, Oliverotto de Fermo, huérfano de padre desde muy niño, fue

---

(30) Se traduce aquí textualmente el término *virtù*, para el que en otras ocasiones hemos preferido utilizar sinónimos.

criado y educado por Giovanni Fogliani, tío materno suyo. Se consagró, siendo casi adolescente, a la carrera militar, a las órdenes de Paolo Vitelli, con el propósito de aprender el arte de la guerra y alcanzar un alto grado en la milicia. A la muerte de Paolo entró Oliverotto al servicio de Vitelozzo, hermano del primero, y en muy pocos años, gracias a su ingenio, fortaleza corporal y valentía, llegó a convertirse en el primer hombre de la tropa. Pero, juzgando servil permanecer bajo las órdenes de otro, proyectó —con el apoyo de algunos ciudadanos de Fermo más amigos de la servidumbre que de la libertad de su patria y el favor de Vitelozzo— apoderarse de Fermo. Escribió a Giovanni Fogliani, expresándole que, tras muchos años ausente del hogar, deseaba regresar junto a él y su ciudad y reconocer en algún modo su patrimonio, y que, habiéndose esforzado tanto para conquistar honores, deseaba, a fin de probar a sus conciudadanos que no había empleado el tiempo en vano, el retorno escoltado de cien soldados a caballo, amigos y servidores suyos. Le rogaba, por último, que se sirviese ordenar que los habitantes de Fermo le recibieran con honores, honrando así a preceptor y discípulo, pues no en vano Fogliani era padrino de Oliverotto. No faltó Giovanni con su sobrino a ninguno de los deberes de la hospitalidad: hizo que le recibieran con solemnidad en Fermo, y lo alojó en su propio palacio. Allí, transcurridos algunos días, gastados en preparar lo necesario para ejecutar la maldad que abrigaba en su pecho, organizó un espléndido banquete al que convidó tanto a Giovanni Fogliani como a los más eminentes ciudadanos de Fermo. Terminado el festín y los entretenimientos usuales en esta clase de banquetes, Oliverotto suscitó intencionadamente algunos temas de profunda discusión, disertó acerca de la grandeza del Papa Alejandro V y de su hijo César, así como de sus empresas. Giovanni y los demás respondían a sus calculados argumentos cuando Oliverotto se levantó de improviso para sugerir que semejante conversación debía sostenerse en lugar más privado, y se encaminó a continuación a otra estancia, hasta donde le siguieron Giovanni y los restantes ciudadanos.

Apenas tomaron éstos asiento, salieron algunos soldados ocultos en la pieza y asesinaron a Giovanni y a los demás. Tras la matanza, Oliveratto montó a caballo, recorrió la ciudad y asedió el palacio del magistrado supremo. El miedo forzó a todos a la obediencia, y se formó un gobierno del cual Oliverotto se constituyó en príncipe. Y muertos aquellos que en razón de su descontento podían perjudicarle, fortaleció su autoridad mediante nuevas instituciones civiles y militares de tal forma que, durante el año que poseyó la soberanía, no sólo vivió seguro en la ciudad de Fermo, sino que conquistó, también, el temor de todos sus vecinos. Y hubiera perdurado tanto como Agatocles de no haberse dejado engañar por César Borgia cuando en Sinigaglia, como más atrás expusimos, prendió a Orsini y Vitelli. Allí, al año de cometer el parricidio, fue ahorcado junto con Vitellozzo, su maestro en virtud y maldad.

Podría alguien preguntarse por qué razón Agatocles y otros de su misma especie, tras tantas crueldades y traiciones como cometieron, pudieron vivir durante mucho tiempo seguros en su patria y protegerse de los enemigos exteriores, y por qué sus conciudadanos no conspiraron nunca contra ellos mientras otros muchos, por el contrario, no han podido, mediante la crueldad, conservar el Estado en tiempos de paz cuanto menos en los azarosos tiempos de guerra. Creo que ello deriva del buen y del mal uso de la crueldad. Podemos llamar bien empleadas —si es lícito hablar bien del mal— aquellas crueldades que se ejercen una sola vez, con objeto de cimentar y afianzar el dominio, y no se repiten más luego, procurando que se convierta en un útil instrumento para los súbditos. Mal empleadas son, en cambio, aquellas que, pocas al principio, van incrementándose en lugar de disminuir con el paso del tiempo. Quienes hacen uso del primer género pueden, con la ayuda de Dios y de los hombres, poner algún remedio a su situación, como le aconteció a Agatocles; los otros es imposible que se mantengan.

Por ello, el usurpador de un Estado ha de considerar todas las maldades que le son necesarias y realizarlas de una sola vez, con el objeto de no repetirlas y hallarse en disposición de tranquilizar a sus súbditos ganándoles con favores. Quien obre de otra forma, por timidez o por estar mal aconsejado, se verá obligado a tener siempre el cuchillo en la mano sin inspirar confianza ninguna a sus vasallos, temerosos e inseguros ante las recientes y continuas ofensas. Realícense, de una vez, pues, todas las injusticias a fin de que, habiendo menos distancia entre ellas, ofendan menos; los beneficios, en cambio, deben hacerse poco a poco con la finalidad de que se saboreen mejor. Un príncipe ha de procurar, ante todo, conducirse con sus súbditos de forma que ninguna contingencia favorable o desfavorable le obligue a variar de conducta, porque si sobrevinieran tiempos adversos carecería de condiciones para hacer el mal, mientras el bien que entonces hace apenas sirve, pues es visto como forzado y no proporciona agradecimiento alguno.

CAPÍTULO IX

DEL PRINCIPADO CIVIL

Pero volviendo al segundo procedimiento, esto es, cuando un ciudadano particular se convierte en príncipe, no mediante crímenes o cualquier intolerable violencia, sino con el favor de sus conciudadanos, el principado resultante puede ser denominado civil. (Para acceder a él no se precisa ni verdadero valor ni verdadera fortuna, sino más bien una afortunada astucia.) Se asciende hasta él, como digo, con el favor del pueblo o con el de los magnates, pues en cualquier ciudad existen siempre dos tendencias cuyo origen se halla en que, por un lado, el pueblo (31) rechaza la opresión de los poderosos y, por otro, los poderosos desean dominar y oprimir al pueblo. De estas dos inclinaciones opuestas nacen en las ciudades uno de los tres efectos siguientes: o principado, o la libertad, o el libertinaje. El principado lo fundan el pueblo o los grandes, según sea uno u otro el que disponga de la oportunidad adecuada, pues si los grandes no pueden domeñar al pueblo, acrecientan el prestigio de uno de ellos y lo convierten en príncipe para satisfacer mejor, a su sombra, sus ansias de dominio. El pueblo, por su parte, cuando advierte que no puede defenderse ante los grandes, acrecienta el prestigio de

---

(31) La noción maquiaveliana de pueblo es, quede claro, restrictiva. Entiende por tal no toda la población de una ciudad, sino el conjunto de ciudadanos con derechos que, a su vez, paga los impuestos.

73

cualquiera de los suyos para, con su autoridad, sentirse defendido. Quien logra el principado con la ayuda de los grandes se mantiene en el poder con mayor dificultad que el que llega hasta el mismo con el apoyo popular, pues este último se halla rodeado de muchos que se consideran iguales a los cuales no puede mandar ni manejar a su antojo.

El que llega al principado merced al apoyo popular se encuentra, en cambio, solo, y son muy pocos, o ninguno, los que a su alrededor se niegan a obedecerle. Además, no se puede, con honestidad, satisfacer a los grandes sin agraviar a los otros, pero sí dar satisfacción al pueblo, porque el fin del pueblo es más honrado que el de los grandes por cuanto éstos quieren oprimir y aquél no ser oprimido. Un príncipe, por otro lado, no puede estar seguro del pueblo si le tiene como enemigo, porque son muchos quienes lo forman; de los grandes, en cambio, sí, pues son pocos. Lo peor que le acontecería a un príncipe si tuviera al pueblo como enemigo es verse abandonado por él, pero si le son contrarios los grandes, no sólo ha de temer el abandono, sino también verse destruido, porque poseyendo tales hombres mayor capacidad de previsión y astucia saben preparar las cosas para salvarse siempre y buscan los favores cerca del que presumen vencedor. El príncipe, además, está obligado a vivir siempre con el mismo pueblo, pero no con la misma nobleza, pues puede hacer y deshacer nobles cada día y darles o quitarles prestigio según su propia conveniencia.

Con la finalidad de aclarar aún más estos puntos digo que los grandes adoptan, en relación al príncipe, dos actitudes diferentes: se vinculan por completo a su suerte o no lo hacen así. Los que se comprometen de acuerdo al primer caso deben ser amados y respetados; aquellos encuadrados en el segundo grupo es preciso considerarlos bajo dos aspectos: si se conducen así por pusilanimidad y flaqueza de ánimo debes servirte de ellos, sobre todo si son buenos consejeros, porque te honrarán en la prosperidad sin necesidad de temerlos en la adversidad. Pero si son adictos por ambición y por cálculo, indicio de que piensan en ellos más que en ti, guárdate, príncipe, de ellos y tenlos por enemigos declarados, porque en las horas adversas contribuirán a tu ruina.

Quien accede al principado mediante el favor del pueblo debe, por tanto, conservarlo como aliado, lo que no es difícil, pues el pueblo sólo desea no ser oprimido. Pero aquel que, contra el pueblo, alcance el principado con el apoyo de los grandes debe procurar, por encima de todo, ganarse el favor popular, empresa fácil si se convierte en protector del pueblo. Y así como los hombres son más agradecidos con quien les dispensa bienes cuando no lo esperaban de él, así también el pueblo es más fiel al príncipe que se torna en su protector aunque no haya sido elevado al principado por su apoyo. El príncipe puede ganarse al pueblo de muy diversos modos, según las circunstancias, sin que, por tanto, sea posible establecer una regla fija. Dejaremos, pues, éstas al margen, y concluiremos tan sólo que al príncipe le es necesario tener al pueblo de su lado, pues de lo contrario carecerá de remedio en la adversidad. Nabis (32), príncipe de los espartanos, sostuvo el asedio de toda Grecia y de un victorioso ejército romano, defendiendo su patria y su Estado contra ambos: le bastó, cuando se le vino encima el peligro, poner a buen recaudo a unos pocos ciudadanos, medida que hubiera resultado insuficiente de haber tenido al pueblo como enemigo. Y que nadie rechace esta opción única con el manido proverbio de que quien edifica en el pueblo edifica en la arena, porque ello es sólo válido en el caso del ciudadano privado que creyera ser salvado por el pueblo cuando los enemigos o los magistrados le acechasen. En tal caso podrá sufrir con frecuencia un desengaño, como les sucedió a los graco en Roma y a Giorgio Scali (33) en Florencia. Pero si el que funda su dominio en el pueblo es un príncipe con valor y capacidad de mando, que no se arredra ante las dificultades, no olvida las

---

(32) Nabis reina en Esparta entre el 205 y el 192 a. C.

(33) Tiberio y Cayo Graco, tribunos de la plebe. Tiberio muere en el 133 a. C., y Cayo, en el 121 a. C. Scali murió decapitado por el mismo pueblo florentino que le encumbró en 1382.

medidas oportunas y sabe, con su ánimo y las instituciones existentes, suscitar el entusiasmo entre los ciudadanos, nunca será engañado por él y verificará que su mantenimiento se cimenta en sólidos pilares.

Estos principados suelen peligrar cuando pasan del orden fundado en el apoyo popular al gobierno absoluto. La razón de ello estriba en que tales príncipes o mandan por sí mismos o por medio de magistrados. En el último caso, su asentamiento es más precario, ya que dependen por completo de la voluntad de los ciudadanos que ejercen las magistraturas, los cuales, especialmente en los tiempos adversos, pueden arrebatarle con facilidad el Estado, bien sublevándose contra él, bien obedeciéndole. En los momentos de peligro, el príncipe no está a tiempo de asumir la autoridad absoluta, pues los ciudadanos y súbditos, habituados a recibir las órdenes de los magistrados, carecen de disposición, en las coyunturas tempestuosas, para obedecer las suyas, por lo que no cuenta en tiempos dudosos con hombres en quienes depositar su confianza. En semejante circunstancia, un príncipe no puede guiarse por lo que percibe en épocas normales, cuando los ciudadanos necesitan de su autoridad y todos corren hacia él, le prometen y hasta le ofrecen su vida, porque la muerte está lejana. Pero en los tiempos adversos, cuando es el Estado quien tiene necesidad de los ciudadanos, pocos hallan con la misma disposición. Y esta experiencia —pasar de un gobierno civil a otro absoluto— es tanto más peligrosa cuanto que sólo se puede realizar una vez. Un príncipe prudente, por ello, debe imaginar un procedimiento mediante el cual sus ciudadanos tengan necesidad del Estado siempre y en cualquier circunstancia. Sólo así, en suma, no es aventurado conjeturar que le permanecerán fieles.

CAPÍTULO X

DE QUÉ MODO SE HAN DE MEDIR LAS FUERZAS DE TODOS LOS PRINCIPADOS

Cuando se analizan las características de estos principados conviene no olvidar otra consideración: si el príncipe posee un Estado tan fuerte como para, en caso necesario, defenderse por sí mismo o si bien tiene siempre necesidad de apoyarse en otros. Y para aclarar aún más este punto estimo que pueden sostenerse por sí mismos aquellos que por abundancia de hombres o dinero están en disposición de organizar un ejército lo suficientemente poderoso como para dar batalla a cualquiera que pretendiese asaltarlos. Y juzgo, en cambio, que tienen siempre necesidad de otros los que no pueden hacer frente al enemigo en campaña, y se ven obligados a parapetarse ante él detrás de sus murallas, para proteger así éstas. El primer caso ya se ha comentado, y tendremos ocasión de referirnos nuevamente a él (34). Respecto al segundo caso, no se puede sino alentar a los príncipes a que fortifiquen y protejan la plaza de su residencia, sin preocuparse por el territorio restante. La razón es obvia: todo aquel que tenga bien fortificada su ciudad y se haya comportado en relación a sus súbditos, en las cuestiones de gobierno, tal y como antes señalábamos y más adelante volve-

_____

(34) La referencia anterior corresponde a los capítulos VI y VII; la posterior, a los capítulos XII-XIV.

remos a repetir (35), será atacado con grandes precauciones, porque los hombres no se arriesgan en empresas de antemano peligrosas, y no se puede esperar un triunfo fácil al atacar a un príncipe cuya ciudad se halla bien fortificada y no sea odiado por el pueblo.

Las ciudades de Alemania son muy libres, tienen a su alrededor muy poco territorio, obedecen al emperador cuando lo estiman oportuno y no le temen ni a él ni a ningún otro magnate cercano, porque están de tal modo fortificadas y guarnecidas que todos estiman largo y difícil su asedio. Todas tienen fosos y murallas adecuadas, artillería abundante, amén de víveres y leña en sus almacenes públicos para un año. Además, para que el pueblo viva alimentado sin ser gravoso al Tesoro público, tienen siempre un fondo común con el que proporcionarle trabajo durante un año en obras que constituyen el nervio de la ciudad. Mantienen también en alta estima los ejércitos mediante excelentes ordenanzas que procuran y regulan sus continuos ejercicios y adiestramiento.

Un príncipe, pues, que disponga de una ciudad fortificada y no haya suscitado odio es difícil que sea atacado, y en caso de serlo, el agresor se verá obligado a levantar, abochornado, el cerco porque las cosas del mundo son tan variables que resulta casi imposible mantener el asedio a una plaza durante un año entero. Y si se me replica que el pueblo, cuando tiene sus posesiones fuera y las ve arder, pierde la paciencia, y el largo asedio y su propio interés le hacen olvidar el de su príncipe, respondería que un príncipe poderoso y valiente supera siempre estas dificultades, ora haciendo ver a sus súbditos que el mal durará poco, ora haciéndoles temer la crueldad del enemigo, ora asegurándose con habilidad de los más osados o provocadores. Además, lo natural es que el enemigo arrase el territorio nada más llegar, cuando los ánimos de los hombres están más excitados y prestos para la defensa, razón por la cual el príncipe debe abrigar menos temor,

----

(35) Capítulos IX y XV, referencias anterior y posterior.

puesto que cuando, pasados algunos días, los ánimos se han enfriado, el daño ya está hecho irremediablemente. Tales hechos, a la larga, unen más al príncipe con sus súbditos, si estiman que ha contraído con ellos una nueva obligación, a causa de haber perdido sus casas y arruinado sus haciendas en defensa suya, pues la naturaleza de los hombres es contraer obligaciones entre sí tanto por los favores que hacen como por los que reciben. Por ello, en suma, si considera bien todos los puntos anteriores, un príncipe prudente puede, desde el comienzo hasta el final de un asedio, mantener inclinados a su favor los ánimos de los ciudadanos, siempre y cuando no escaseen los víveres ni los medios de defensa.

CAPÍTULO XI

DE LOS PRINCIPADOS ECLESIÁSTICOS

Tan sólo nos resta por examinar los principados eclesiásticos, acerca de los cuales las dificultades surgen antes de su posesión, ya que se adquieren mediante virtud o mediante fortuna y se conservan sin una ni otra, pues se fundan en las antiguas instituciones religiosas, cuya fuerza y arraigo son tan sólidas que mantienen a los príncipes en su Estado cualquiera que sea su modo de proceder y conducirse. Sólo los príncipes eclesiásticos poseen Estados y súbditos sin defender los primeros ni gobernar a los segundos, y los Estados, aun indefensos, no les son arrebatados, ni los súbditos, aun sin ser gobernados, se preocupan de ello ni piensan en sustraerse a su dominio. Tales principados son, pues, los únicos seguros y felices. Pero como están sostenidos por una razón superior que la mente humana no alcanza, no me detendré en ellos. Erigidos y conservados por Dios sería presunción y temeridad en mí analizarlos. No obstante, si alguien a pesar de todo me preguntara por qué el poder temporal de la Iglesia ha logrado tales dimensiones cuando antes de Alejandro (36) las potencias italianas —y no sólo las grandes, sino cualquier señor o barón por menguados que fuesen sus dominios— le concedían escasa importancia y hoy la Iglesia hace temblar

---

(36) Por potencias hay que entender los Estados fuertes de Italia, esto es, Nápoles, Florencia, Milán, Venecia y Roma.

al monarca francés, puede expulsarle de Italia o arruinar a los venecianos, justo es responder con hechos que, a pesar de conocidos, necesitan ser traídos a la memoria de todos.

Antes de que Carlos, rey de Francia, viniera a Italia el país se hallaba bajo el dominio del Papa, los venecianos, el duque de Milán y los florentinos. Estas dos potencias debían tener dos preocupaciones esenciales; a saber: que ningún extranjero entrara en Italia con sus ejércitos y que ninguno de ellos ensanchara sus poderes en detrimento de los demás. Quienes más recelo inspiraban en este sentido eran el Papa y los venecianos. Para contener a estos últimos se hacía necesaria la unión de los restantes príncipes como ocurrió en la defensa de Ferrara (37) y para vigilar al Papa se servían de los nobles romanos quienes, divididos en dos bandos —Orsinis y Colonnas— mantenían pugnas constantes entre ellos. De este modo, y siempre con las armas desenvainadas ante los ojos del pontífice, mantenían débil y vacilante el Pontificado. Y aunque surgiera en ocasiones algún Papa animoso, como Sixto IV (38) ni la fortuna ni el saber, sin embargo, les permitía librarse de tales dificultades. La brevedad del mandato, además, dificultaba la tarea, pues en el espacio de diez años que, por término medio, reinaba el Papa, resultaba imposible abatir a cualquiera de las dos facciones: si, por ejemplo, uno de ellos había casi aniquilado a los Colonna, venía a sucederle otro Papa que, amigo de éstos y enemigo de los Orsini, hacía resurgir a los primeros aunque sin tiempo para desembarazarse de los Orsini. Todo lo cual conducía al escaso crédito de las fuerzas temporales del Papa dentro de la Iglesia. Pero subió al Solio pontificio Alejandro VI quien —mejor que todos los pontífices que haya nunca habido—

---

(37) La guerra y consiguiente defensa de Ferrara finaliza tras la paz de Bagnolo y la deserción de Ludovico el Moro en 1484. En 1480, Florencia, Milán y Nápoles firman una alianza que pretende poner término a los deseos de hegemonía florentinos.

(38) Sixto IV fue elegido Papa en 1471.

mostró hasta qué punto puede un Papa ampliar su poder valiéndose del dinero y de la fuerza. Aprovechó las condiciones del duque Valentino y la oportunidad de la venida a Italia de las tropas francesas para llevar a cabo cuanto ya expuse más arriba al tratar las acciones del duque. Y aun cuando su intención no se encaminara a engrandecer a la Iglesia sino al duque, fue ésta la beneficiada al heredar a su muerte —y tras la derrota del duque— el fruto de todos sus esfuerzos. Vino después el Papa Julio, quien se encontró una Iglesia fortalecida con el dominio de la Romaña y los nobles romanos reducidos a la impotencia, merced a la habilidad de Alejandro. Logró, también, acumular más dinero que su antecesor, cuyos pasos siguió aventajándole, pues pensó en conquistar Bolonia, reducir a los venecianos y arrojar a los franceses de Italia, empresas todas de las que salió airoso con tanta más gloria cuanto que lo hizo para engrandecer a la Iglesia y no a ningún particular. Mantuvo, asimismo, a los Orsini y Colonna en el triste estado que los halló, pues aun cuando no habían desaparecido en ellos jefes capaces de promover desórdenes, dos cosas, sin embargo, les obligaron a permanecer sumisos: la grandeza de la Iglesia que les atemorizaba, por un lado, y no contar con cardenales de sus familias, motivo constante de enfrentamiento, por otro. Nunca permanecerán sosegadas tales facciones mientras tengan cardenales, pues éstos mantienen, en Roma y fuera de ella, bandos que los nobles están forzados a defender. Las discordias y los desórdenes entre los barones nacen, así, de la ambición de los prelados. Su santidad el Papa León (39) se ha visto al frente de una Iglesia poderosa, siendo de esperar que si sus antecesores la engrandecieron con sus armas éste, merced a su bondad y a los otros muchos atributos que acrisola, aumentará aún más su respeto e influencia.

_____

(39) León X, hijo de Lorenzo el Magnífico, elegido Papa en 1513, tras la muerte de Julio II.

CAPÍTULO XII

DE LAS DIFERENTES CLASES DE TROPA Y DE LOS SOLDADOS MERCENARIOS

Estudiadas ya las características de los principados que al principio me propuse examinar y expuestas también bajo algunos aspectos las causas determinantes de su buena o mala situación, así como los medios mediante los cuales se ha tratado de adquirirlos y conservarlos, me resta ahora reflexionar, de un modo general, acerca de los riesgos y formas de defensa que en cada uno de ellos pueden presentarse. Hemos insistido antes sobre la necesidad que todo príncipe tiene en fundamentar su dominio sobre sólidos cimientos, pues de lo contrario se precipitará a la ruina. Los principales cimientos en que asentar un Estado —sea nuevo, viejo o mixto— son las buenas leyes y los buenos ejércitos. Y dado que no puede haber buenas leyes donde no hay buenos ejércitos y donde hay buenos ejércitos hay buenas leyes, dejaré al margen la consideración de las leyes y hablaré sólo de los ejércitos. Las tropas que para la defensa del Estado utiliza un príncipe son bien propias o mercenarias, auxiliares o mixtas. Las mercenarias o auxiliares son inútiles y peligrosas. El que apoya su Estado sobre ejércitos mercenarios jamás se sentirá nunca firme ni seguro, porque tales tropas carecen de unidad, son ambiciosas, indisciplinadas y desleales, fanfarronas en presencia del amigo y cobardes ante el adversario; carentes de temor a Dios y de fe en los hombres se difiere con ellos el desastre sólo en la medida que se difiere el ataque. Así, en la paz el príncipe se ve despojado por ellos y en la guerra por los enemigos. La causa de ello estriba en que tales tropas carecen de otro incentivo en el campo de batalla que su escaso sueldo, insuficiente para lograr que deseen morir por ti. Desean servir al príncipe en tiempos de paz y cuando sobreviene la guerra o escapan o desertan. Poco trabajo debería costar persuadir a cualquiera acerca de esto, pues *la ruina actual de Italia obedece al hecho de haber encomendado su defensa durante muchos años a tropas mercenarias.* Cierto es que consiguieron alguna victoria y parecían valientes frente a ejércitos del país, pero tan pronto como llegaron los extranjeros se descubrió su verdadera realidad. Por ello a Carlos, rey de Francia, le fue sencillo apoderarse de Italia. Los que aseguraban que la causa era debida a nuestros pecados llevaban razón, aunque tales pecados no eran los que ellos sospechaban, sino los que apunto aquí. Y como los príncipes eran los pecadores, también ellos han sufrido la penitencia.

Quiero dejar aún más claras las desgracias que tales tropas acarrean. Los capitanes mercenarios o son hombres excelentes o no. Si lo son, no cabe confiar en ellos porque aspiran a su engrandecimiento personal ya sea oprimiéndote a ti —su propio patrón—, ya oprimiendo a otros en contra de tus propósitos. Pero si dista de ser excelente, lo normal es que te causen la ruina. Y si alguien responde que cualquiera que disponga de tropas, sea o no mercenario, hará lo mismo, replicaré mostrando cómo las tropas han de ser empleadas por un príncipe o por una República. En el primer caso el príncipe debe ir en persona con ellas y ejercer como jefe y capitán: tratándose de una República ésta ha de cuidar que el nombramiento de general recaiga en uno de sus ciudadanos y de sustituirle cuando el elegido no demuestre el valor o, si es valeroso, mantenerle sujeto mediante las leyes para que no se extralimite. La experiencia enseña que sólo los príncipes y las Repúblicas con ejércitos propios logran progresos dignos de elogio, mientras las tropas mercenarias originan daños de continuo. Por otro lado, resulta más difícil que caiga bajo el poder de uno de sus ciudadanos una República armada con ejércitos propios que otra apoyada en tropas mercenarias.

Libres y con ejércitos propios permanecieron muchos siglos Roma y Esparta. Y los suizos, que gozan de amplia libertad, no pueden estar mejor armados. Como ejemplo de ejércitos mercenarios en la antigüedad podemos aducir el de los cartagineses que, una vez concluida la primera guerra contra los romanos, a punto estuvieron de verse a merced de sus propios soldados mercenarios pese a hallarse encabezados y mandados por ciudadanos cartagineses. Filipo de Macedonia fue elegido jefe por los tebanos a la muerte de Epaminondas y, tras la victoria, les arrebató la libertad. Los milaneses, a la muerte del duque Felipe, contrataron a Francisco Sforza para luchar contra los venecianos y, después de batirlos en Caravaggio (40), se alió con ellos para sojuzgar a los milaneses, sus patrones. Sforza, su padre, que se hallaba a sueldo de la reina Juana de Nápoles, no tuvo escrúpulos en abandonarla y en obligarla, sin tropas, a echarse en los brazos del rey de Aragón. A los que estimen en contra de mi argumentación que tanto Venecia como Florencia consiguieron en el pasado ensanchar sus Estados con la ayuda de tropas mercenarias sin que, por otro lado, sus generales se elevasen al rango de príncipes, les he de responder diciendo que ello es debido a la buena fortuna que en sus empresas acompañó a los florentinos, pues sus valerosos capitanes a quienes podían temer o fueron derrotados o encontraron fuerte oposición, o dirigieron su ambición hacia otra parte.

Fracasó Giovanni Aucut (41), cuya derrota hizo que su lealtad no se pusiera a prueba, pero todos convinieron en que, de haber vencido, se hubiera convertido en amo y señor de Florencia. Sforza tuvo siempre como adversario a Braccio y sus huestes, y ambos se mantuvieron constante y recíproca vi-

---

(40) La batalla de Caravaggio tuvo lugar en septiembre de 1448.

(41) El nombre de Giovanni Aucut corresponde, en realidad, a John Hawkwood, famoso mercenario inglés que tras combatir en la guerra de los Cien Años pasó a depender de Pisa, primero, y de Florencia, a partir de 1375, después.

gilancia: mientras Francesco orientaba su ambición hacía la Lombardía, Braccio hacía lo propio contra la Iglesia y el reino de Nápoles. Pero ocupémonos de recordar cosas recientes. Los florentinos tomaron a su servicio como capitán a Paolo Vitelli, hombre muy prudente que desde una cuna humilde se había labrado una extraordinaria reputación. Si Vitelli se hubiera apoderado de Pisa, es incuestionable que los florentinos se hallaban obligados a sufrir su autoridad porque, de haberse trocado en asalariado de sus enemigos, no tenían remedio y si lo mantenían al frente de las tropas era al precio de obedecerle.

Si examinamos ahora los progresos de los venecianos, se verá que obraron prudente y gloriosamente mientras pelearon con tropas propias, hecho que ocurrió antes de volcar sus empresas a tierra firme. En aquellos momentos iniciales, nobles y plebe armada lucharon con ardor, pero tan pronto como comenzaron a combatir en tierra firme abandonaron la valentía y adoptaron las costumbres de Italia. En los comienzos de su expansión por tierra firme carecían de razones para temer a sus capitanes mercenarios, pues no poseían mucho territorio y gozaban de una gran reputación, pero apenas lograron ampliar sus posesiones al mando de Carmañola, se apercibieron de su error: la capacidad y el valor de Carmañola condujo a la derrota del duque de Milán. Mas, tras observar su extrema frialdad en la guerra, los florentinos se encontraron con el siguiente dilema: sabedores de que no iban a vencer con él en lo sucesivo, porque no lo deseaba, no podían licenciarle sin exponerse al riesgo de perder lo conquistado. En tales circunstancias se vieron obligados a matarle. Tuvieron después por capitanes a sueldo a Bartolomeo de Bérgamo, Ruperto de San Severino, al conde de Pitigliano y otros semejantes, con todos los cuales ya no temían sus victorias sino sus derrotas, tal y como sucedió en Vailate (42), donde en un solo día perdieron lo que, con tanta fatiga, habían adquirido

(42) La derrota de los venecianos en Vailate —batalla que Maquiavelo cita en *El Príncipe* con insistencia— tuvo lugar en 1509. Las tropas de Julio II

en ochocientos años, porque con tales tropas se logran conquistas lentas, tardías y débiles pero súbitas e inmensas pérdidas. Y como estos ejemplos me han conducido a hablar de Italia, gobernada durante muchos años por tropas mercenarias, quiero razonar sobre ello más pormenorizadamente y desde los orígenes a fin de que, vistos sus comienzos y desarrollo, sea más fácil hallar el oportuno remedio.

Debéis, pues, recordar cómo, cuando en estos últimos tiempos el emperador comenzó a ser rechazado en Italia y el poder temporal del Papa adquiría creciente importancia, el país se fraccionó en varios Estados porque muchas de las grandes ciudades se rebelaron contra la nobleza (quien favorecida por el emperador las tenía sometidas) con el apoyo de la Santa Sede, que cimentaba así su prestigio en lo temporal. En otras muchas ciudades ascendieron al principado. Como consecuencia de tales procesos Italia toda había caído en manos de la Iglesia y de algunas repúblicas, y no habituados ni los sacerdotes ni los restantes ciudadanos al ejercicio de las armas comenzaron a contratar tropas extranjeras. El primero que confirió reputación a esta milicia fue Albérigo de Conio, natural de la Romaña. En su escuela se formaron, entre otros, Braccio y Sforza, que fueron en su tiempo los árbitros de Italia. Tras ellos vinieron todos aquellos otros que, hasta nuestros días, han mantenido los ejércitos mercenarios. Y el resultado final de su valor e inteligencia es que Italia fue recorrida en un paseo triunfal por Carlos (43), sometida al saqueo de Luis, sojuzgada por Fernando y vituperada por los suizos. El procedimiento que tales capitanes han seguido consistía en privar de toda consideración a la infantería para dársela a sí mismos. Obraron así porque, careciendo de Estado, poca infantería no les proporcionaba renombre y mucha no podían mantenerla. Preferían, en suma, la caballería porque les

---

y Luis XII de Francia inflingieron una dura derrota a Venecia, que vio perdidas las posiciones ganadas tras una tenaz lucha de siglos.

(43) En 1511, los soldados de Julio II fueron derrotados por los franceses, viéndose obligados a retirarse de Ferrara.

ofrecía la oportunidad de, con un número soportable, conseguir honra. De tal suerte las cosas han llegado al extremo de que en un ejército de veinte mil soldados apenas se contaban dos mil infantes. Además, habían recurrido a todos los medios disponibles para desterrar de sí mismos y de sus soldados el cansancio y el miedo. Así no se mataban en los combates y se limitaban a hacer prisioneros sin pretender luego rescate por ellos, no asaltaban de noche las ciudades, no efectuaban incursiones desde la ciudad al campamento adversario, no construían fosa ni empalizada alrededor del campamento y nunca, por último, acampaban durante el invierno. Cosas todas ellas permitidas en sus reglamentos militares e ingeniadas, como he dicho, para soslayar la fatiga y los peligros hasta tal punto que han conducido a Italia a la esclavitud y el envilecimiento.

CAPÍTULO XIII

DE LOS SOLDADOS AUXILIARES, MIXTOS Y PROPIOS

Son tropas auxiliares —el otro tipo de armas inútiles— las que presta un príncipe poderoso a otro más débil para ayudarle y defenderle. Ejército auxiliar fue, por ejemplo, el que utilizó el Papa Julio cuando, a la vista de los pésimos resultados de las tropas mercenarias en la conquista de Ferrara, convino con Fernando, rey de España, que éste le ayudara con sus ejércitos. Tales tropas pueden ser útiles y buenas en sí mismas, pero resultan siempre peligrosas para quien las reclama en su amparo pues, si las derrotan, es él también el derrotado y si vencen, queda a su merced. Aun cuando la historia antigua está repleta de ejemplos que confirman el aserto anterior me limitaré a exponer el caso reciente del Papa Julio II cuya decisión de ponerse en manos de un extranjero en su deseo de conquistar Ferrara no pudo ser más irreflexiva. Tuvo, sin embargo, la fortuna de que surgiera una tercera variante que le impidió sufrir los inconvenientes de su errónea decisión porque, ya derrotadas sus tropas auxiliares en Rávena (44), aparecieron los suizos y obligaron a huir a los vencedores en contra de cualquier presión propia o ajena. Evitó así tanto caer prisionero de sus enemigos que habían sido batidos, como de las tropas auxiliares, pues eran otras las tropas

_____

(44) La batalla de Rávena tiene lugar en 1512.

vencedoras en el combate. Cuando los florentinos, completamente desarmados, llevaron diez mil franceses al sitio de Pisa (45), estuvieron a punto de peligrar con más gravedad que en cualquier otra ocasión de su historia. El emperador de Constantinopla, para contrarrestar el poderío de sus vecinos, llevó a Grecia diez mil turcos, los cuales, finalizada la guerra, se resistieron a abandonar el territorio, hecho éste que marcó el comienzo de la sujeción de Grecia al yugo de los infieles.

Sólo, pues, el que no desee vencer debe valerse de semejantes tropas, mucho más peligrosas aun que los mercenarios porque, vencidas o no, siempre obedecen a otro. Los mercenarios, en cambio, cuando vencen necesitan más tiempo y mejor ocasión para atacarte, ya que no forman un cuerpo único de ejército y han sido formados y pagados por ti. Dentro de estas tropas, por otro lado, un tercero en quien se confíe el mando no adquiere con prontitud la autoridad suficiente para causar daño. En suma, en las tropas mercenarias es más peligrosa la cobardía y en las auxiliares, el valor. Los príncipes prudentes, por tanto, han rehuido siempre estas tropas y recurrido a las propias, pues prefieren perder con las suyas a vencer con las de otros y sin considerar verdaderas victorias aquellas logradas con armas ajenas. No titubearé jamás en poner como ejemplo a César Borgia y sus acciones. Entró en la Romaña con tropas auxiliares, todas ellas sólo francesas, y con ellas tomó Italia y Forlí. Pero apercibiéndose después que no debía confiar en tales tropas, recurrió a las mercenarias y tomó a sueldo a las de los Orsini y los Vitelli. Cuando la experiencia le mostró que era dudosa, arriesgada y erizada de peligros la conducta de estas nuevas tropas, las liquidó y organizó un ejército propio. Se puede comprobar con facilidad la diferencia existente entre estas clases de tropas considerando la diferencia habida entre la reputación del duque cuando contaba sólo con los franceses, cuando tenía a los Orsini y a los Vitelli, y cuando se sostuvo con sus solda-

_____

(45) El sitio de Pisa se fecha en 1499.

dos propios. En efecto, su reputación caminó en aumento y nunca fue más estimado y respetado que cuando se le vio absolutamente dueño de sus tropas.

Bien quisiera circunscribirme a ejemplos italianos y recientes, pero no puedo por menos que citar a Hieron de Siracusa, al que ya he aludido antes. Como tuve ocasión de comentar, Hieron de Siracusa, nombrado por los siracusanos jefe de sus ejércitos, tardó poco en comprobar la inutilidad de la milicia mercenaria, dado que sus dirigentes se comportaban de modo idéntico a como lo hacen hoy día en Italia, y al ver que no los podía conservar ni dejar sueltos, decidió descuartizarlos y pasar en lo sucesivo a hacer la guerra con sus propias armas y no con las ajenas. Deseo traer también a la memoria un hecho del Antiguo Testamento que guarda relación con lo tratado. Ofreciéndose David a Saúl para combatir contra Goliat, provocador filisteo, Saúl le armó con su propia armadura con el objeto de conferirle valor; pero David, tras ponérsela, la rehusó diciendo que con ella no podría valerse por sí mismo y prefería enfrentarse al enemigo con su propia honda y su propio cuchillo.

En fin, las armas de otro o te vienen amplias, o te pesan o te oprimen demasiado. Carlos VII, padre del rey Luis XI, que había liberado a Francia de los ingleses con el auxilio de su fortuna y el concurso de su voluntad (46), se apercibió de la necesidad de contar con tropas propias y estableció en el reino las ordenanzas de la caballería y la infantería. Más tarde, su hijo Luis prescindió de la infantería y contrató suizos a sueldo, error que —continuado después por sus sucesores— ha sido la causa de los peligros en que se ve envuelto el reino (47), porque, confiriendo excesiva reputación a los suizos, desalentó a su propio ejército que, acostumbrado a vencer con los suizos, se siente incapaz de hacerlo sin ellos. De ahí, en

(46) De nuevo llevamos a cabo una traducción liberal de *virtù*.

(47) Se debe entender como una referencia a la derrota francesa en Novara, acaecida en julio de 1513.

suma, que los franceses sean insuficientes para pelear contra los suizos y, sin ellos, ni intenten nada contra otros. Los ejércitos franceses han sido, pues, mixtos, esto es, en parte mercenarios y en parte propios. Tales ejércitos son preferibles a los simplemente auxiliares o mercenarios, pero inferiores a los propios. Baste para demostrarlo el mencionado ejemplo francés porque el reino de Francia sería invencible si la organización militar concebida por Carlos se hubiera perfeccionado o, al menos, sostenido. Pero la escasa prudencia de los hombres impulsa a aceptar las cosas por la ventaja inmediata que procuran sin percatarse del veneno que a menudo ocultan, como ya aludí antes al referirme a las fiebres tísicas (48).

Por lo tanto y en conclusión: aquel que en un principado detecta los males sólo cuando éstos son ya incurables no merece el calificativo de prudente, cualidad que le es concedida a muy pocos. Si consideramos la génesis de la ruina del Imperio romano, hallaríamos que el verdadero comienzo se fecha cuando contratan godos a sueldo, instante a partir del cual se inicia el debilitamiento de las fuerzas imperiales y el arrojo de las tropas romanas pasa a los godos. Concluyo, por tanto, afirmando que sin ejército propio cualquier principado esta inseguro pues queda a merced de la fortuna y sin el valor (*virtù*) que lo defiende de la adversidad. Opinión ésta que fue siempre máxima de los hombres prudentes: «Nada es tan débil e inestable como la fama de un poder que no se sustenta en la propia fuerza.» (49) Armas propias son aquellas formadas por súbditos, ciudadanos y siervos. Todas las restantes son mercenarias o auxiliares. Y el modo de organizar las tropas propias será fácil de hallar si se examinan las ins-

---

(48) Capítulo III.

(49) Trátase de una cita memorística de Tácito (Anales, XIII, 19). Maquiavelo escribe: «Quod nihil sit tam infirmum aul instabile quam fama potentiae non sua vi nixa.» El original de Tácito, por el contrario, dice: «Nihil rerum mortalium tam instabile ac fluxum est quam fama potentiae non sua vi nixae.»

tituciones que vertebran los cuatro modelos a los que antes aludí (50) y se considera cómo Filipo, padre de Alejandro Magno, y muchas Repúblicas y príncipes armaron y organizaron sus tropas a cuyas constituciones me remito por entero.

---

(50) Los cuatro modelos son: César Borgia, Hieron, David y Carlos VII.

CAPÍTULO XIV

DE LAS OBLIGACIONES DEL PRÍNCIPE
EN LO CONCERNIENTE AL ARTE DE LA GUERRA

Un príncipe, pues, no debe tener otro objetivo ni preocupación ni cultivar otro arte que el de la guerra, el régimen y la disciplina de los ejércitos porque esta es la ciencia verdadera del gobernante. Comporta, ademas, tanto valor que no sólo mantiene a quienes han nacido príncipes, sino que en muchas ocasiones asciende a los hombres de condición privada a semejante rango. Por el contrario, suele ser frecuente el caso de que los príncipes pierdan su Estado cuando se afanan más en los placeres de la vida que en las armas. Estimo, así, que la causa fundamental que conduce a la pérdida es el descuido de este arte, así como el motivo esencial para conquistarlo es convertirse en un auténtico experto del mismo.

Francisco Sforza pasó de simple particular a duque de Milán por tratarse de un hombre de armas, y sus hijos, deseando huir de las incomodidades de las armas, descendieron de duques a particulares (51). Así, de los inconvenientes derivados de la carencia de ejército destaca el menosprecio, que es, sin duda, una de las infamias de las que el príncipe debe

---

(51) La mención histórica al paso de los Sforza de duques a simples particulares se refiere tanto a Ludovico el Moro, desposeído de su ducado en 1500, como a Maximiliano, privado del ducado en Milán en 1515.

responder, tal y como más adelante señalaremos (52). Entre los hombres armados y los inermes no cabe parangón posible y no es razonable que quien está armado obedezca de buen grado a quien está desarmado ni que el desarmado se sienta seguro entre servidores armados, pues el desdén de unos y las sospechas de otros les impiden actuar juntos con eficacia. Por eso, a las naturales desdichas que embargan a todo príncipe que desconoce el arte de la guerra, se añade la de no ser apreciado por sus soldados, de los cuales, por otro lado, no puede fiarse.

No deben los príncipes, por tanto, apartarse jamás de la reflexión acerca del arte militar, tarea más importante si cabe en épocas de paz que en tiempos de guerra. Puede ello conseguirse de dos maneras: bien con estudios teóricos bien mediante acciones prácticas. Por lo que a estas últimas se refiere, amén de mantener bien organizados y adiestrados sus ejércitos, debe consagrarse a la caza tanto para habituar el cuerpo a la fatiga como para observar la naturaleza de los terrenos y conocer cómo se forman los valles y las montañas, cómo se extienden las llanuras, y analizar las características de los ríos y de los pantanos, estudio en el que ha de ponerse la máxima atención posible. El conocimiento riguroso de todos estos aspectos es útil por dos razones: en primer lugar se aprenden con ello los rasgos del propio país y las condiciones naturales de su defensa y, en segundo, la práctica y la familiaridad adquiridas proporcionan valiosas pistas para reconocer con rapidez las características específicas de cualquier otro lugar. Así las colinas, los valles, las llanuras, los ríos y los pantanos de Toscana poseen gran semejanza con las de otras regiones, de tal suerte que mediante el conocimiento minucioso de una comarca se tiene mucho adelantado para conocer el relieve propio de otra. El príncipe que carece de semejante habilidad carece también del primer requisito que ha de cumplir un buen gene-

---

(52) Capítulo XIX.

ral porque esa pericia le sirve para encontrar al adversario, buscar alojamiento a sus tropas, conducir ejércitos, disponer el correcto orden de batalla y asediar con ventaja las ciudades. Los historiadores alaban de Filipómenes, príncipe de los aqueos, que en la paz pensaba constantemente en el arte de la guerra y cuando se hallaba acampado con sus amigos se detenía a menudo a discutir con ellos: «Si el enemigo ocupase aquella colina y nosotros nos encontráramos aquí con nuestro ejército, ¿de quién sería la ventaja? ¿Cómo podríamos salir a su encuentro observando las reglas oportunas? ¿Qué deberíamos hacer si deseáramos retirarnos? Y si fueran ellos quienes se retirasen, ¿de qué modo les perseguiríamos?» Y durante el camino iba pensando en cuantas cosas pueden presentársele a un ejército. Escuchaba la opinión de sus amigos y expresaba la suya corroborándola con las razones apropiadas y merced a este continuo ejercicio hacía imposible que luego, dirigiendo sus tropas, tropezase con dificultades para las que careciese de oportuno remedio.

Por lo que se refiere al adiestramiento mental, el príncipe debe leer la historia y examinar las acciones de los hombres insignes, estudiar cómo se condujeron en la guerra, analizar las causas de sus victorias y de sus derrotas a fin de hallarse en condiciones de imitar las unas y evitar las otras. Y sobre todo debe, tal y como los mismos hombres eminentes hicieron, escoger de modelo alguien de entre los antiguos héroes, cuyas glorias hayan sido celebradas de forma que tales proezas guíen siempre su ánimo. Así, se dice que Alejandro Magno imitaba a Aquiles, Cesar a Alejandro, Escipión a Ciro. Cualquiera que lea la vida de Ciro escrita por Jenofonte reconocerá después, al repasar la de Escipión, cuánta gloria proporcionó a éste la imitación de aquél y hasta qué punto en la honestidad, en la bondad, en la humanidad y en la libertad se ajustó siempre Escipión a todo lo que de Ciro refiere Jenofonte. Tales son las reglas que debe, pues, observar un príncipe prudente: lejos de permanecer ocioso en tiempo de paz, utilizará ésta para adquirir los conocimientos precisos de que valerse en las desgracias a fin de que, cuando la fortuna le sea adversa, se halle en condiciones de hacerle frente.

CAPÍTULO XV

DE LAS COSAS POR LAS QUE LOS HOMBRES, Y EN ESPECIAL LOS PRíNCIPES, SON ALABADOS O CENSURADOS

Resta ahora por repasar cuál ha de ser la conducta que debe imponerse un príncipe con relación a súbditos y amigos. Y como no ignoro que muchos han escrito acerca de este asunto, temo, al abordarle, ser tenido por presuntuoso tratándole desde otro punto de vista. Pero siendo mi intención escribir algo útil para el lector, prefiero seguir el camino de ir directamente a la verdad de la materia que a la imaginaria representación de la misma. Muchos han imaginado Repúblicas y principados que ni vieron nunca ni existieron en realidad (53). Hay, en efecto, tanta distancia entre cómo se vive y cómo se debería vivir, que aquel que abandona lo real centrándose en lo «ideal» camina más hacia su ruina que hacia su preservación, pues el hombre que pretenda hacer en todos los sentidos profesión de bondad fracasará necesariamente entre tanto bellaco. Es, por ello, necesario que un príncipe, si desea mantenerse como tal, aprenda a poder no ser bueno y a usar

---

(53) Frente a la reflexión utopista —imaginar Repúblicas «ideales» desde una perspectiva moralizante de la política—, Maquiavelo escoge la senda que lleva a analizar la realidad desde la realidad misma, esto es, el camino de la supuesta ciencia política como ámbito autónomo.

o no semejante capacidad en función de las necesidades y las circunstancias.

Dejando, pues, a un lado las cosas imaginarias a propósito de los príncipes y ateniéndome a las verdaderas sostengo que todos los hombres, cuando se habla de ellos, —y los príncipes en especial, por hallarse en su lugar más elevado— son designados con alguno de los siguientes rasgos, que les acarrean censuras o alabanzas: uno es tenido por liberal, el otro por miserable (hago uso de un término toscano, porque avaro en lengua toscana significa aquel que atesora lo que roba y miserable aquel que se abstiene de gastar cuanto posee); uno es considerado generoso, otro rapaz; uno cruel y otro compasivo; uno desleal, otro infiel; uno afeminado y pusilánime, y otro fiero y valeroso; uno humano, otro soberbio; el uno lascivo, el otro casto; uno sincero, otro astuto; uno rígido, otro flexible; uno ponderado, otro frívolo; uno devoto, otro incrédulo, y así sucesivamente (54). Ya sé que todos confesarán cosa muy loable que un príncipe atesorase todas las cualidades mencionadas. Pero, como no se pueden observar enteramente porque la condición humana no lo consiente, es preciso que el príncipe tenga al menos la prudencia suficiente como para evitar primero ser tachado de los vicios que le arrebatarían el listado y preservarse, si es posible, después, de los que no se lo quitarían; pero si es imposible, podrá, al menos, incurrir en ellos con pocos miramientos. No tema, sin embargo, caer en la infamia de aquellos vicios sin los cuales difícilmente pueda salvar su Estado, pues si bien se mira habrá cosas que pareciendo virtudes significarán, si las ob-

---

(54) Se enuncian aquí las cualidades objeto de meditación más pormenorizada en los capítulos siguientes.

(55) Miguel Angel Granada hace notar con suma lucidez la importancia de este texto que cierra el capítulo XV de *El Príncipe*. En efecto, como señala Granada, Maquiavelo acepta que para salvaguardar el Estado es necesario incurrir en ciertos vicios. «De esta suerte —escribe Granada— se disuelve así el concepto medieval cristiano de virtud en

serva, su ruina y otras cuya apariencia es de vicio y cuya observación le proporcionará, empero, bienestar y seguridad (55).

la nueva concepción maquiaveliana de la *virtù* política, capacidad de acción en el presente real hacia la obtención del fin.» (M. A Granada, ob. cit., nota 47.)

CAPÍTULO XVI

DE LA LIBERALIDAD Y DE LA AVARICIA*

Empezando, pues, con la primera de las cualidades mencionadas diré cuán útil le resultará al príncipe ser liberal. La liberalidad, sin embargo, usada de forma muy visible, perjudica y si se hace uso de ella con la moderación conveniente no se trasluce, razón por la cual no puedes evitar ser tachado del vicio contrario. Por otro lado, si se pretende conservar entre los hombres fama de liberal es menester no abstenerse de la suntuosidad, por lo que un príncipe de semejante hechura consumirá en su empeño todas las riquezas y a la postre, si desea mantener su fama de liberal se verá obligado a imponer excesivos tributos y echar mano de cuantos recursos disponga para atesorar dinero. Todo lo cual conducirá a hacerle odioso entre sus súbditos, cuya estima perderá sin remisión hasta caer en la pobreza, de suerte que su prodigalidad, perjudicial a los más y beneficiosa para los menos, le pondrá en serio peligro a la menor ocasión de riesgo que se le presente y, si quiere retroceder y retractarse, reconociendo su error, se expone a que le tachen inmediatamente de tacaño.

Un príncipe, pues, habida cuenta de que no puede ejercer la prodigalidad de modo visible sin perjuicio propio, debe,

---

* El título del epígrafe XVI es «De liberalitate et parsimonia». Traducimos literalmente por liberalidad y en el texto por liberal aunque el sentido del término se aproxime más a prodigalidad.

si es prudente, no preocuparse de ser tildado de tacaño porque con el tiempo siempre será considerado más liberal al advertir sus súbditos que gracias a su moderación le bastan sus rentas, puede defenderse de quien le declare la guerra y acometer empresas sin gravar a sus pueblos. De esta forma, al final, viene a ser generoso con todos aquellos a quienes no quita nada, cuyo número es harto elevado, y tacaño con aquellos a quienes no da, que son pocos. Sólo los que han adquirido fama de tacaños han realizado en nuestra época grandes cosas; los demás han fracasado. El Papa Julio II se sirvió, es cierto, de su reputación de liberal para acceder al Papado, pero a partir de entonces no pensó en conservarla a fin de hallarse en condiciones óptimas para hacer la guerra. Y si el actual rey de España hubiera sido espléndido no habría acometido ni superado tantas empresas.

Por tanto y consecuencia, un príncipe debe temer poco el ser tachado de tacaño si con ello no se ve obligado a despojar a sus súbditos, puede defenderse, no se ve reducido a la pobreza y el desprecio ni forzado a convertirse en rapaz. La avaricia es entonces uno de los vicios que aseguran su reinado. Y si alguien adujera que César se adueñó del Estado gracias a su liberalidad y que otros muchos han alcanzado puestos eminentes precisamente por haber tenido fama de liberales, les responderé lo siguiente: o posees ya un principado o te hallas en vías de adquirirlo. En el primer caso esta liberalidad es perjudicial; en el segundo, por el contrario, necesaria. César era uno de los que deseaba llegar al principado en Roma, pero si una vez que accedió a él hubiese sobrevivido y no hubiera moderado sus dispendios, habría destruido el Imperio. Y si alguno replica que han sido numerosos los príncipes que con sus ejércitos han realizado importantes hazañas a pesar de su fama de muy liberales, les respondería: el príncipe o gasta lo suyo o lo de sus súbditos, o lo de otros. En el primer caso está obligado a ser parco, en el segundo no debe descuidar ninguno de los rasgos de la liberalidad. El príncipe que se halla en campaña con sus ejércitos, que se mantienen gracias a los robos, saqueos e impuestos extraordinarios, dispone de los bienes de los vencidos y precisa hacer uso de la generosidad, pues de lo contrario no sería seguido por sus soldados. De esta suerte cabe ser considerablemente más generoso con aquello que no es ni tuyo ni de tus súbditos, como lo fueron Ciro, César y Alejandro, porque el gastar lo de otros no perjudica a tu reputación sino que, antes bien, la acredita. Gastar lo tuyo es lo único que te perjudica y nada hay que consuma tanto a uno mismo como la liberalidad, pues mientras la ejerces pierdes la capacidad de usarla, te vuelves pobre y despreciable o, al pretender huir de la pobreza, rapaz y odioso. Y entre todas las cosas de las que un príncipe debe preservarse está la de ser aborrecido y menospreciado, calificativos ambos a los que la prodigalidad conduce. Por tanto, hay más sabiduría en soportar la reputación de tacaño, que produce reproche sin odio, que verse obligado en virtud de la fama de liberal a incurrir en la de rapaz, que engendra reproche con odio.

CAPÍTULO XVII

DE LA CRUELDAD Y DE LA CLEMENCIA, Y DE SI VALE MÁS SER AMADO QUE TEMIDO

Descendiendo a continuación a las restantes cualidades ya mencionadas, sostengo que todo príncipe debe desear ser tenido por clemente y no por cruel, no obstante lo cual ha de cuidar de no hacer mal uso de esa clemencia. César Borgia era considerado cruel, a pesar de que fue su crueldad quien impuso el orden en Romaña, restableció su unidad y la condujo a la paz y a la lealtad hacia el soberano. Si bien se mira, pues, se verá que el duque fue más clemente que el pueblo florentino, el cual, para evitar la fama de cruel, permitió la destrucción de Pistoya (56). Un príncipe, por tanto, no debe cuidarse en exceso de la reputación de crueldad siempre que trate de obtener obediencia y fidelidad de sus súbditos, porque será más clemente imponiendo algunos castigos ejemplares que si, para huir de la fama de cruel, deja que se prolongue el desorden, causa de muertes y rapiña, desmanes que perjudican a todos, mientras los castigos ordenados por el príncipe recaen sólo en algún particular. Además, de entre todas las clases de príncipes son los nuevos aquellos que con mayor facilidad pueden ser tachados de crueles por hallarse

---

(56) La destrucción de Pistoya, en 1a que resultó decisiva la intervención de los florentinos, cuya política denuncia Maquiavelo, tuvo lugar en el año 1501.

llenos de peligro los Estados nuevos. A este propósito dice Virgilio por boca de Dios:

> «Tengo que guardar necesariamente
> mis fronteras porque mi reino es nuevo
> y mi situación comprometida.» (57)

El príncipe nuevo debe proceder con humanidad cautelosa y prudentemente tanto en sus reflexiones como en sus actos, sin crearse imaginarios temores, de manera que ni la excesiva confianza le convierta en incauto ni la suspicacia consiga hacerle intolerable.

Surge de todo ello una cuestión muy debatida: si vale más ser amado que temido o viceversa. Suele responderse que lo mejor es ser ambas cosas a la vez, pero resultando difícil combinarlas simultáneamente debe señalarse que es mucho mas seguro, en el caso de que sea necesario renunciar a una de las dos, ser temido que amado. *Porque de los hombres, en general, puede decirse lo siguiente: son ingratos, versátiles, dados a la ficción sobre sí mismos, esquivos al peligro y ávidos de la ganancia.* Si les favoreces te son enteramente fieles o te ofrecen su sangre, sus bienes, sus hijos y hasta su vida cuando, como ya dije antes, la necesidad se ve lejana. Pero comoquiera que la vean próxima, vuelven la cara. El príncipe que descansa en las promesas de los hombres y carece de otros recursos está perdido, porque el afecto adquirido a cambio de recompensas y no con la grandeza y nobleza de ánimo, deja de existir cuando los contratiempos le ponen a prueba. Además, los hombres tienen menos consideración en ofender a quien se hace amar que a quien se hace temer, pues la amistad, como lazo moral que es, se rompe en virtud de que la crueldad lleva a los hombres a cuidarse de sus intereses. En cambio, el temor se mantiene mer-

---

(57) «Res dura, et regni novitas me talia cogunt moliri, et late fines custode tueri.» (Virgilio, *Eneida,* 1, vv. 562-563.)

ced al castigo, sentimiento que no se abandona jamás. Debe, en suma, el príncipe hacerse temer de modo que si no se granjea el amor logre, al menos, evitar el odio porque puede muy bien ser, al mismo tiempo, temido y no odiado. Ello lo conseguirá siempre y cuando se abstenga de robar tanto la hacienda de sus ciudadanos y súbditos como la de las mujeres de éstos. Y en el caso de que le sea indispensable derramar la sangre de alguien hágalo sólo cuando exista justificación conveniente y causa manifiesta. Pero, por encima de todo, absténgase en tomar los bienes ajenos porque los hombres olvidan con mayor rapidez la muerte de su padre que la pérdida de su patrimonio. Además, nunca faltan razones para arrebatar los bienes ajenos y el que comienza viviendo de rapiñas siempre halla pretexto para apropiarse de lo que pertenece a otro; los motivos para ejecutar a otro son, por el contrario, más raros e infrecuentes.

Pero, cuando el príncipe está con sus ejércitos y se ve obligado a mandar a multitud de soldados, es absolutamente necesario que se despreocupe de la reputación de crueldad porque sin semejante fama no tendrá nunca un ejército unido ni dispuesto a acometer empresa alguna. Entre las admirables empresas de Aníbal se cuenta que teniendo, a sus órdenes un extraordinario ejército formado por gentes de razas diversas, no sufrió, pese a verse obligado a combatir en un país extranjero, asonadas ni motines entre sus soldados ni contra él tanto en los momentos de buena como en los de mala fortuna. La causa de ello no era sino su inhumana crueldad que, unida a sus muchas cualidades, le hizo siempre respetable y terrible a los ojos de sus soldados; sin ella, cabría decir, no le hubieran servido sus restantes virtudes para obtener aquel resultado. Los historiadores poco reflexivos alaban por una parte su logro y condenan, por otra, su causa principal. Y para convencerse de que las otras cualidades no hubieran bastado cabe mencionar a Escipión, hombre sin duda excepcional no sólo en su época sino en todas aquellas de las que poseemos memoria. A Escipión se le rebelaron sus ejércitos en España a causa de su excesiva clemencia, merced a la cual dejaba a sus soldados más licencia de la que a su disciplina militar convenía. Fabio Máximo le censuró por ello en el Senado, llamándole corruptor de la milicia romana. Destruidos los locrios por un lugarteniente suyo, ni vengó a las víctimas ni castigó a su lugarteniente, dada su naturaleza blanda, y hubo algún senador que alegó en su defensa la existencia de muchos hombres que, como él, sabían mejor no errar que corregir los errores. Condición que habría perjudicado a Escipión manchando con el tiempo su fama y su gloria, si él hubiera perseverado en ella. Pero, como hubo de actuar bajo la dirección del Senado, esta perniciosa peculiaridad suya no sólo desapareció, sino que acabó reportándole gloria.

Volviendo a lo relativo a ser amado y temido concluyo, pues, que, como los hombres aman siguiendo su voluntad y temen según la voluntad del príncipe, un príncipe prudente debe apoyarse en lo que le es propio y no en lo de otros. Debe tan sólo, como ya hemos señalado, evitar ser odiado por sus súbditos.

CAPÍTULO XVIII

DE QUÉ MODO DEBEN LOS PRÍNCIPES GUARDAR LA PALABRA DADA

Cuán loable es en un príncipe mantener la palabra dada, obrar con rectitud y sin astucia todos lo comprenden. La experiencia de nuestro tiempo muestra, no obstante, cómo príncipes que acometen empresas de envergadura prescindieron en muchas ocasiones de sus propias promesas atrayéndose con astucia las mentes de los hombres y burlándose de quienes habían confiado en su lealtad. Debéis, pues, saber que existen dos maneras de combatir: una con las leyes, la otra con la fuerza. La primera es propia del hombre; la segunda, de las bestias. Pero como a menudo no basta con la primera, es forzoso recurrir a la segunda. Un príncipe debe saber de tal suerte utilizar eficazmente la bestia y el hombre. Esto y no otra cosa es lo que los antiguos autores enseñaron de un modo velado a los príncipes al escribir cómo Aquiles y otros muchos príncipes fueron entregados al centauro Quirón a fin de que les educase bajo su disciplina. Tener cómo preceptor a un maestro mitad bestia y mitad hombre significa que al príncipe le es necesario saber hacer uso de una y otra naturaleza, pues una no puede durar mucho tiempo sin la otra. Hallándose obligado, por tanto, un príncipe a obrar según la naturaleza de los animales debe preferir de entre ellos al león y a la zorra, porque el primero no sabe defenderse de las trampas y la segunda no sabe protegerse de los lobos. Los que únicamente imitan al león no comprenden bien sus intereses. No puede —ni debe—, pues, un príncipe prudente mantenerse fiel a su palabra cuando tal fidelidad redunda en perjuicio propio y han desaparecido las razones que motivaron su promesa. Si los hombres fueran todos buenos, este precepto sería discutible, pero como son malos y desleales contigo no es justo que tú seas leal con ellos. Un príncipe, además, siempre halla argumentos para justificar la violación de sus promesas, hecho acerca del cual puedo presentar infinitos ejemplos extraídos de los tiempos recientes mostrando cuántos tratados de paz han dejado de cumplirse por deslealtad del príncipe y cómo quien ha sabido imitar a la zorra ha salido mejor librado. Pero es necesario saber encubrir bien semejante naturaleza, así como poseer habilidad para fingir y disimular: los hombres, en efecto, son tan simples y se someten hasta tal punto a las necesidades presentes que quien engaña hallará siempre alguien que se deje engañar.

Entre los ejemplos recientes no quiero pasar uno en silencio: Alejandro VI jamás hizo ni pensó otra cosa que engañar a los hombres y siempre tuvo a su alcance medios para realizar sus designios. No existió nunca un hombre que asegurase con mayor rotundidad y más firmes juramentos afirmar aquello que luego no observaba. Sus engaños, sin embargo, le salieron siempre a la medida de sus deseos porque conocía a la perfección esa cara del mundo.

No es, pues, necesario que un príncipe acrisole todas las cualidades mencionadas, pero sí muy necesario que parezca poseerlas. Me atrevería a decir, incluso, que si las tiene y las observa siempre son perjudiciales y si aparenta poseerlas, útiles. Así, puedes parecer clemente, fiel, humano, íntegro, devoto y serlo, pero tener el ánimo de tal manera predispuesto que, si se hace necesario no serlo, puedas y sepas adoptar la actitud contraria. Y ha de tenerse en cuenta que un príncipe —y de forma especial un príncipe nuevo— no puede conducirse de acuerdo con todos los rasgos mediante los cuales los hombres son tenidos por buenos, ya que a menudo se ve obligado, para conservar su Estado, a obrar contra la fe, contra la caridad, contra la humanidad y contra la religión. Razones por las cuales necesita mantener el ánimo dispuesto según le exijan los vientos de la fortuna (58) y, como dije antes, a no apartarse del bien, si puede, pero a saber entrar en el mal si se ve obligado por la necesidad.

Debe, por tanto, un príncipe tener gran cuidado de que nunca salga de su boca cosa alguna que no esté llena de las cinco cualidades mencionadas y de que parezca, al escucharle, todo clemencia y buena fe, todo integridad y todo religión. Y no hay nada más necesario para aparentar tener que esta última cualidad, pues los hombres en general juzgan más por los ojos que por las manos, porque a todos les es dado ver y a pocos palpar. Así, todos ven lo que pareces pero pocos tocan lo que eres y estos pocos no se atreven a oponerse a la opinión de muchos, máxime si poseen la autoridad del Estado que los protege. *En las acciones de los hombres, y sobre todo de los príncipes, contra los cuales no hay tribunal al que recurrir, se considera primordialmente el fin. Procure, pues, el príncipe conservar su Estado y los medios serán siempre tachados de honrosos y ensalzados por todos porque el vulgo se deja seducir por las apariencias y el acierto final, y en el mundo no hay sino vulgo.* Los pocos carecen de sitio cuando la mayoría tiene donde apoyarse. Un príncipe de nuestros días (59), al cual no está bien nombrar, jamás predica otra cosa sino paz y lealtad siendo acérrimo enemigo de la una y de la otra. De haber observado ambas hubiera perdido más de una vez o la reputación o el Estado.

---

(58) Tema éste —el de las mudanzas que va operando la fortuna y la adaptación a ellas— decisivo en la obra maquiaveliana y sobre el que volverá con mayor énfasis en el capítulo XXV.

(59) Se refiere a Don Fernando el Católico.

CAPÍTULO XIX

DE QUÉ MODO DEBE EVITARSE SER DESPRECIADO Y ODIADO

Tras haber hablado de las más importantes cualidades que deben adornar a un príncipe, voy a examinar con brevedad las restantes partiendo del principio general siguiente: el príncipe debe evitar, tal y como más arriba he señalado, todo cuanto le pueda hacer odioso o despreciado. Si consigue este propósito, habrá cumplido con su obligación y no hallará peligro alguno en otras censuras. Le convierte en odioso, sobre todo, como ya señalé, ser rapaz y usurpador de las haciendas (o las de las mujeres) de sus súbditos. Debe, pues, huir de semejante tentación porque, si respeta los bienes y el honor de los vasallos, éstos viven contentos y se preocupan tan sólo de luchar contra la ambición de unos pocos, la cual se refrena con facilidad y de muy diversos modos. Cae en el menosprecio cuando pasa por ser voluble, frívolo, afeminado, pusilánime o irresoluto, defectos de los que un príncipe debe guardarse como de un peligro e ingeniárselas para que en sus acciones resplandezca la grandeza, la firmeza, el valor y la fortaleza. En torno a las tramas particulares de sus súbditos debe procurar que sus sentencias sean irrevocables y conservar la palabra mantenida de modo tal que nadie piense ni en engañarle ni en burlarle. El príncipe que obra así disfrutará de reputación y si es difícil conspirar contra quien posee prestigio más lo es aún contra quien es amado y temido por los suyos. Un príncipe debe tener dos temores: uno en el interior, hacia sus súbditos; otro, en el exterior, ante los extranjeros poderosos. De los últimos puede defenderse con buenas armas y buenas alianzas, y siempre que tenga buenas armas podrá hallar excelentes aliados. Los asuntos interiores, además, estarán asegurados si lo están también los exteriores, a no ser que se vean perturbados por alguna conjura. Pero hallándose preparado para la defensa tal y como he señalado, aunque los asuntos exteriores se perturben, podrá rechazar el empuje del adversario al igual que lo rechazó, según expuse ya, el espartano Nabis (60). Cuando no existen problemas en el exterior se ha de temer, empero, que los súbditos no maquinen en secreto. La mejor precaución consistirá en evitar ser odiado o aborrecido y conservar al pueblo satisfecho con él, cosas todas ellas, como hemos expuesto antes con mayor extensión, imprescindibles. Uno de los mas poderosos remedios de que dispone el príncipe contra las conjuras estriba en no ser odiado por el pueblo, porque el que conspira cree siempre que con la muerte del príncipe dará satisfacción al pueblo. Pero, cuando crea ofenderlo, nunca se atreverá a tomar semejante iniciativa por cuanto las dificultades que se presentan a los conjurados son infinitas. La experiencia enseña, en efecto, que ha habido muchas conjuras pero pocas han logrado el éxito final, pues quien conjura no puede hacerlo solo ni procurarse otra compañía que la de aquellos a quienes ve descontentos. Y tan pronto como desvelas tus propósitos a uno de éstos, le das pie para que te abandone porque si te denuncia puede esperar todo tipo de recompensas. Como de un lado tiene segura la ganancia y del otro corre serios riesgos y peligros, sería necesario para asegurar su fidelidad que fuera bien un excelente amigo bien un irreconciliable enemigo del príncipe. En resumen, reduciendo la cuestión a sus más breves términos, diré que sobre el conjurado gravitan el miedo, el recelo y el temor del castigo, que le aterroriza; de parte del príncipe, al contrario, están la autoridad, las leyes, los ami-

---

(60) Ver capítulo IX.

gos y el apoyo del Estado actuando en su defensa. Si a todo ello se le añade el favor popular es imposible hallar nadie tan temerario como para conspirar, porque si un conjurador siente por lo común temor antes de la ejecución del mal, en el caso de tener como enemigo al pueblo, lo tendrá también después, aunque triunfara, porque corre el riesgo de no hallar ayuda ni refugio posteriores.

Sobre esta materia podríamos proporcionar infinitos ejemplos, pero voy a limitarme a uno solo cuya memoria nos transmitieron nuestros padres. Aníbal Bentivoglio, príncipe de Bolonia y abuelo del actual Aníbal fue asesinado por los Caneschi (61), tras una conjura tramada contra él, sin dejar otro descendiente que su hijo Giovanni, un niño todavía de pañales. El pueblo, sin embargo, se levantó después del asesinato y mató a todos los Caneschi. Semejante levantamiento fue, en suma, el resultado del favor popular de que gozaban los Bentivoglio, favor que llegaba hasta el extremo de, al no quedar en el Estado de Bolonia nadie de la familia que pudiera gobernar a la muerte de Aníbal y enterados de la existencia en Florencia de un descendiente de los Bentivoglio (62), considerado hasta entonces hijo de un herrero, fueron a buscarle y pusieron en sus manos el gobierno de la ciudad, tarea que llevó a cabo hasta que Giovanni tuvo la edad conveniente para asumirla.

Concluyo, por tanto, afirmando que un príncipe debe inquietarse poco por las conspiraciones cuando goza del favor popular, pero, si el pueblo es enemigo suyo y le odia, debe temer todo y a todos. Los Estados bien ordenados y los príncipes sabios han cuidado siempre con toda diligencia de satisfacer al pueblo y evitar el descontento de los nobles. He aquí una de las materias más importantes para un príncipe.

---

(61) El hecho tuvo lugar en 1445.

(62) Sante, hijo quizá de Ercole Bentivoglio. Sante gobernó Bolonia veintisiete años, desde 1445 a 1462.

Entre los reinos bien gobernados y ordenados en nuestra época se encuentra el de Francia (63). Existen en él infinitas instituciones de las que depende la libertad y la seguridad del monarca. La primera de ellas es el Parlamento y su autoridad. El fundador del actual orden juzgó que era necesario, conociendo la ambición e insolencia de los poderosos, ponerles un freno que les contuviera. Pero consciente, por otro lado, de que el odio del pueblo contra los grandes estaba basado en el miedo y deseoso de calmarle no quiso, sin embargo, que ello quedara al cuidado particular del rey para evitarle el posible enfrentamiento o con el pueblo, si favorecía a los grandes, o con éstos si hacía lo propio con el pueblo. Estableció, por ello, un tercer juez a fin de que, sin participación del rey, reprimiera a los grandes y favoreciese a los inferiores. Semejante disposición no podía ser ni mejor ni más prudente ni remedio más idóneo de conferir seguridad al rey y a su reino. De ella puede, además, extraerse una notable conclusión: los príncipes deben dejar que sean otros quienes ejecuten las medidas que sean capaces de suscitar odio y reservarse para sí la ejecución de aquellas que reportan el favor de los súbditos. Concluyo, por tanto, de nuevo que un príncipe debe estimar a los grandes, pero no hacerse odiar del pueblo.

Parecerá, quizá, a muchos, que el examen de la vida y la muerte de diversos emperadores romanos proporciona ejemplos contrarios a mi opinión por hallar alguno que, a pesar de haber obrado siempre notablemente mostrando gran capacidad de ánimo, perdió, sin embargo, el Imperio o fue asesinado por los suyos, tras conspirar contra él. Deseando responder a tales objeciones, examinaré las cualidades de algunos emperadores para mostrar que las razones de su ruina no son diferentes a las de los que he descrito. Al tiempo tomaré en consideración todas aquellas cosas notables para quien leye-

---

(63) En el capítulo IV se encuentra una referencia más sistemática de este aserto.

re las acciones de aquellos tiempos. Me bastará para ello atender a los emperadores que se sucedieron desde Marco Aurelio, el filósofo, a Maximiliano, es decir, Marco Aurelio, su hijo Cómodo, Pertinax, Juliano, Septimio Severo, su hijo Caracalla, Macrino, Heliogábalo, Alejandro Severo y Maximino. Hay que advertir, en primer lugar, que, mientras en los otros principados se lucha sólo contra la ambición de los nobles y la insubordinación de los pueblos, los emperadores romanos se enfrentaban a una tercera dificultad: soportar la crueldad y la avaricia de sus tropas. Tarea ésta tan difícil que significó la ruina de muchos a causa de la contrariedad de contentar simultáneamente al pueblo y a los soldados. En efecto, los pueblos aman la paz y, por ello, a los príncipes moderados, mientras que los soldados desean príncipes belicosos, insolentes y crueles capaces de ejercitar estas cualidades en contra de los pueblos para cobrar doble sueldo y satisfacer su avaricia y su crueldad. Semejante situación hizo que aquellos emperadores que bien por naturaleza, bien por falta de experiencia carecían de la suficiente reputación para refrenar a unos y otros, sucumbían irremediablemente. La mayoría de ellos, por otro lado, especialmente aquellos que accedieron al principado como nuevos, conociendo la dificultad de conciliar ambas cosas, se inclinaban a dar satisfacción a los soldados sin importarles demasiado agraviar al pueblo. Esta decisión era necesaria porque, no pudiendo soslayar los príncipes ser odiados por alguien, deben esforzarse ante todo en no ser odiados por la mayoría y cuando les sea imposible conseguir esto deben ingeniárselas para evitar ser odiado por el colectivo más poderoso. En consecuencia, los emperadores que por su carácter de nuevos tenían necesidad de favores excepcionales se apegaban a los soldados antes que al pueblo, lo cual resultaba beneficioso o no en función de que el príncipe supiera mantener su reputación entre los soldados. Las razones que acabamos de mencionar explican que Marco Aurelio, Pertinax y Alejandro Severo, todos ellos de moderada conducta, amantes de la justicia, enemigos de la crueldad, humanos y tolerantes, tuvieran, excepción hecha de Marco Aurelio, un triste final. Solo, en efecto, Marco Aurelio vivió y murió venerado porque accedió al Imperio por derecho hereditario y no había agradecimiento ni al ejército ni al pueblo; además, adornado de muchas virtudes que le hacían respetable, mantuvo siempre mientras vivió a los unos en orden y a los otros dentro de unos límites fijos evitando así el odio y el desprecio. Pero Pertinax, convertido en emperador contra la voluntad de los soldados que, habituados a vivir licenciosamente bajo Cómodo, no pudieron soportar la vida honesta a que Pertinax deseaba conducirles, se granjeó su odio, al que añadió luego el menosprecio por causa de su avanzada edad, arruinándose con ello desde los inicios de su reinado.

Debe señalarse aquí que el odio se adquiere tanto mediante las malas como mediante las buenas acciones, razón por la cual, como ya dije antes, si el príncipe desea conservar el Estado se ve obligado con frecuencia a no ser bueno. Así, cuando la mayoría —sea ésta del pueblo, soldados o nobles— que estimas necesitar para sostenerte está corrompida, te conviene seguir su humor para satisfacerla y entonces las buenas obras serán tu perdición. Pero volvamos a Alejandro (64): tanta fue su bondad que entre las demás alabanzas a él dedicadas destaca la de que en los catorce años durante los que conservó el Imperio nadie fue jamás ejecutado sin juicio previo. No obstante, tenido por hombre afeminado y sometido a la voluntad de su madre, cayó en desprecio y el ejército conspiró contra él y lo asesinó.

Situando ahora en oposición las cualidades de Cómodo, Septimio Severo, Antonio Caracalla y Maximino, los hallaréis extremadamente crueles y rapaces. En efecto, para dar satisfacción a los soldados no omitieron ningún tipo de injuria que se pudiera cometer contra el pueblo y todos, excepto Severo, padecieron un desgraciado final. Severo (65) poseía

---

(64) Alejandro Severo, emperador desde el año 222 hasta el 235.
(65) Séptimo Severo, cuyo mandato se extiende desde el año 193 al 211.

tanto valor que, conservando a su lado el favor de los soldados, pudo reinar siempre sin alteraciones a pesar de oprimir
al pueblo. Sus cualidades le hacían tan admirable a los ojos
de los soldados y del pueblo, que este último permanecía en
cierto modo atónito y asombrado, y los soldados respetuosos
y satisfechos. Y como sus acciones fueron grandes y notables
en un príncipe nuevo deseó mostrar brevemente lo bien que
supo hacer de zorra y de león, a los cuales debe imitar un príncipe, como más arriba señalé. Conociendo Severo la cobardía del emperador Juliano, persuadió a su ejército, acampado a la sazón en Eslonavia, sobre la conveniencia de marchar
hacia Roma con objeto de vengar la muerte de Pertinax, asesinado por la guardia pretoriana. Con semejante pretexto, sin
mostrar su aspiración al Imperio, arrastró al ejército contra
Roma y llegó a Italia antes de que se conociera su partida.
Una vez llegado a Roma, el Senado, atemorizado, le nombró
emperador y Juliano fue asesinado. Tras este comienzo le restaba superar a Severo dos dificultades para enseñorearse de
todo el Estado: la primera, en Asia, donde Nigro —jefe de
los ejércitos asiáticos— se había proclamado emperador, y la
segunda en Poniente, donde se hallaba Albino, aspirante, también, al Imperio. Juzgando peligroso declararse enemigo de
los dos a la vez, decidió atacar a Nigro y engañar a Albino.
Así, escribió a este último manifestándole que, elegido emperador por el Senado, deseaba compartir con él la dignidad;
le envió el título de César y por decisión del Senado se aso-
ció a él. Albino aceptó tales cosas como verdaderas, pero,
cuando Severo hubo vencido, matado a Nigro, y pacificado
la región oriental del Imperio, poco agradecido a los beneficios dispensados, había tratado de asesinarle mediante engaños, razón por la cual se veía obligado a castigar su ingratitud. Fue, pues, a su encuentro hasta Francia y le despojó del
Estado y la vida.

Quien examine, pues, atentamente sus acciones hallará
en ellas un ferocísimo león y una astuta zorra, y verá que era
temido y respetado por todos sin ser odiado por los ejércitos.
No se asombrará, así, de cómo pese a tratarse de un príncipe

nuevo pudo conservar tan vasto imperio porque su inmensa reputación le preservó siempre del odio que los pueblos hubieran podido sentir en contra de él como reacción a sus rapiñas.

Su hijo (66) fue, asimismo, un hombre cuyas excelentes cualidades le hacían admirable a los ojos de los pueblos y grato a los soldados. Como militar era capaz de soportar cualquier fatiga despreciando todo aliento delicado y cualquier otra clase de molicie, por lo cual ganaba el aprecio de los ejércitos. Sin embargo, su crueldad y ferocidad fueron de tanta envergadura —gran parte del pueblo romano y casi toda Alejandría cayeron asesinados bajo su yugo— que se hizo odioso a todo el mundo y comenzó a ser temido, incluso, por los que se hallaban a su alrededor, de forma que fue, al fin, asesinado por un centurión en medio de su ejército. Es menester señalar a este propósito que semejantes asesinatos, consecuencia de un estado de ánimo obstinado, son imposibles de evitar por parte de los príncipes porque cualquiera que no tema morir puede atacarles, pero ha de temérseles menos por cuanto son muy poco frecuentes. Sólo debe cuidarse de no cometer grave infamia contra ninguno de los que se sirve o de los que están a su alrededor de el servicio del principado, Antonino cometió este error, pues había mandado matar al hermano de un centurión y amenazaba diariamente a éste. Sin embargo, le mantenía entre los encargados de custodiar su persona: actitud temeraria que podía costarle la vida, como así aconteció.

Pero vengamos a Cómodo (67), para quien resultaba fácil conservar el Imperio al haber accedido a él por derecho hereditario de su padre Marco Aurelio. Le hubiera bastado seguir las huellas de su padre y habría satisfecho a los soldados y al pueblo, pero su carácter cruel y brutal le indujo, en el intento de someter a los pueblos a su rapacidad, a favore-

---

(66) Antonino Caracalla (211-217).
(67) Aurelio Cómodo Antonino (180-192), sucesor de Marco Aurelio.

124

cer a los ejércitos excitando su licenciosidad. Por otro lado, olvidando su dignidad, descendía a menudo a los teatros para combatir con los gladiadores y llevaba a cabo otras muchas acciones alejadas de la autoridad imperial, todo lo cual le tornó despreciable a los ojos de los soldados. Odiado por unos y menospreciado por otros, fue asesinado, víctima de una conspiración.

Nos resta exponer las cualidades de Maximino. Fue éste un hombre muy belicoso y los ejércitos, hastiados de la molicie de Alejandro Severo, del que ya hemos hablado, le eligieron emperador. Maximino no conservó el Imperio durante mucho tiempo porque le hacían odioso y despreciable dos cosas: la primera, su bajo origen (había sido pastor en Tracia, dato conocido de todos y que le acarreaba un profundo desprecio de la mayoría) y la segunda que, habiendo retrasado la marcha sobre Roma y la consiguiente posesión del trono imperial en los comienzos de su soberanía, sus prefectos cometieron crueldades sin cuento tanto en Roma como en el resto del Imperio, y se cobró con ello fama de cruel. De esta forma llenó todo el mundo de desdén hacia él a causa de su bajo origen y de odio, merced al temor que su ferocidad inspiraba, se rebeló en primer término África, luego el Senado con todo el pueblo de Roma para, al final, conspirar contra él toda Italia. A ellos se sumó su propio ejército que, acampado en Aquileya soportando grandes dificultades, harto de su crueldad y menos temeroso al apercibirse de los odios que suscitaba, lo mató.

No quiero hablar de Heliogábalo (68), ni de Macrino y Juliano los cuales, por ser despreciables en todo, desaparecieron muy pronto. Intentaré, pues, concluir esta reflexión con la afirmación de que los príncipes de nuestros tiempos experimentan menos, en su gobierno, la dificultad de satisfacer a sus soldados mediante procedimientos extraordinarios, pues a pesar de que sea preciso con ellos cierta consideración,

_____

(68) Heliogábalo (218-222).

todo se resuelve, sin embargo, pronto, ya que ninguno de tales príncipes posee ejércitos enraizados en el gobierno y la administración de las provincias como sucedía con los ejércitos en el Imperio romano. Si entonces era más necesario satisfacer a los soldados que al pueblo, era porque los soldados tenían más poder que el pueblo; ahora, por el contrario, es necesario a todos los príncipes —con excepción del turco y el Sultán— satisfacer al pueblo más que a los soldados porque los primeros poseen más poder que los segundos. Hago excepción del turco (69) porque siempre tiene alrededor doce mil infantes y quince mil caballos de los que depende la seguridad y la fuerza de su reino. Y es necesario que el rey, por encima de cualquier otra consideración, los mantenga como amigos. Lo mismo sucede con el reino del Sultán (70), quien, hallándose por completo en manos de los soldados, se ve obligado a mantener su amistad sin ningún tipo de consideración hacia el pueblo. Ha de tenerse en cuenta que el Estado del Sultán posee una configuración diferente a todos los demás principados, semejante como es al pontificado cristiano que no puede llamarse ni principado hereditario ni principado nuevo. No son, en efecto, los hijos del príncipe viejo quienes heredan la soberanía sino aquel elegido para el cargo por los que poseen la autoridad de hacerlo. Dada la antigüedad de tal organización no puede denominarse principado nuevo, pues aunque el príncipe lo sea, las instituciones del Estado son añejas y ordenadas para recibirle como si de un señor hereditario se tratase.

Pero volvamos al tema que nos ocupa. Cualquiera que reflexione acerca de cuanto llevo expuesto concluirá que la causa de la ruina de los emperadores mencionados fue el odio o el menosprecio y se apercibirá también de dónde procede que —actuando algunos de cierta manera y otros de la contraria— sólo uno de ellos tuviese un final afortu-

---

(69) El Turco parece referirse a Selim II, sultán de Turquía.
(70) Egipto se une a Turquía en 1517.

nado. A Pertinax y Alejandro, príncipes nuevos, les resultaba inútil y perjudicial imitar a Marco, príncipe por derecho hereditario; de idéntica forma resultó fatal a Caracalla, Cómodo y Maximino imitar a Séptimo Severo por carecer del valor suficiente para seguir sus mismos pasos. Un príncipe nuevo en un principado nuevo, por tanto, no puede imitar las acciones de Marco Aurelio ni, necesariamente, las de Séptimo Severo, pero debe tomar de este último aquellos procederes convenientes para fundar un Estado y de Marco Aurelio aquellos oportunos para conservar un Estado que se encuentra ya establecido y consolidado.

CAPÍTULO XX

SI LAS FORTALEZAS Y OTRAS MUCHAS COSAS QUE LOS PRÍNCIPES HACEN CON FRECUENCIA SON ÚTILES O INÚTILES

Algunos príncipes, con el objeto de conservar su Estado sin riesgos, han desarmado a sus súbditos; otros, mantuvieron divididas las tierras ocupadas; unos alimentaron la opinión en su contra; otros se afanaron en ganarse a quienes les resultaban sospechosos en los inicios de su reinado; algunos edificaron fortalezas; otros, en fin, las demolieron y destruyeron. Y aunque sobre todas estas cosas no sea posible proporcionar una regla fija, si no se contempla de modo particular alguno de los Estados en los que habría de tomarse alguna determinación semejante, hablaré de todo ello, sin embargo, con la generosidad que la misma materia consiente. Jamás un príncipe nuevo desarmó a sus súbditos. Más aún: si los halló desarmados, siempre los armó, ya que el armarles tales armas se convierten en las suyas propias los que eran sospechosos se tornan fieles y los fieles se mantienen como tales pasando de meros súbditos a partidarios suyos. Y como es imposible armar a todos los súbditos, aquellos a quienes proporcionas armas reciben un favor que te permite obrar con los otros más seguro. En efecto, la diferencia de proceder que respecto a ellos observas convierte a los primeros en deudores tuyos y los otros, por su parte, te disculpan juzgando necesario que goce de mayor mérito aquel que soporta más peligros y obligaciones. Pero cuando les desarmas empiezas a ofenderles mostrando desconfianza hacia ellos o por cobardía o por poca fidelidad, de manera que tanto una como otra opinión engendra odio hacia ti. Como no puedes permanecer desarmado es obligatorio recurrir, entonces, a las tropas mercenarias, cuyos inconvenientes han sido señalados. Y aun cuando tales tropas fueran buenas, nunca lo son hasta el punto de defenderte de los enemigos poderosos y de los súbditos sospechosos. Por ello, como ya he dicho, un príncipe nuevo en un principado nuevo siempre organiza un ejército propio. Las historias están siempre llenas de ejemplos de esta clase. Pero cuando un príncipe adquiere un Estado nuevo que se añade al antiguo se hace necesario desarmar aquel Estado, excepto a los que dentro de él se mostraron partidarios tuyos durante la conquista. Pero incluso es necesario con el tiempo aprovechar las ocasiones propicias para convertir a estos últimos en blandos y afeminados, de suerte que todas las armas de un Estado se hallen sólo en manos de aquellos soldados propios que en el antiguo Estado estaban ya al lado del príncipe.

Nuestros mayores y todos los considerados sabios solían afirmar que era necesario conservar Pistoya con facciones y Pisa con fortalezas, razón por la cual se fomentaban en algunos lugares las diferencias entre los súbditos como mecanismo para hacer más fácil la dominación. Semejante actitud podría ser conveniente en los tiempos en que Italia se encontraba equilibrada, pero no estimo que sea un precepto válido en la actualidad, pues no creo que las divisiones produzcan bien alguno; antes al contrario, parece inevitable que las ciudades divididas se pierdan con rapidez cuando el enemigo se aproxima, porque la facción mas débil se unirá siempre a las fuerzas extranjeras y la otra no podrá ofrecer resistencia.

Los venecianos, movidos, según pienso, por las razones mencionadas, alimentaban a las sectas de los güelfos y gibelinos en las ciudades sometidas a su dominio y aun cuando no se les consintiera llegar nunca hasta el derramamiento de sangre fomentaban, sin embargo, las rencillas entre ellos a fin de que, ocupadas las ciudades en tales querellas, no se unieran contra ellos. Todo lo cual, como se vio al final, no sirvió para nada, pues tras la derrota de Vailate una parte de estas facciones tomó aliento y les arrebató todo el Estado. Semejantes procedimientos, por tanto, muestran perceptiblemente la debilidad del príncipe porque en un principado vigoroso jamás serían permitidas tales divisiones, beneficiosas sólo en tiempos de paz, como recurso para manejar con mayor facilidad a los súbditos. Pero, cuando sobreviene la guerra, se advierte de forma clara el carácter falaz de semejante procedimiento (71).

Sin duda los príncipes se convierten en grandes cuando superan las dificultades y obstáculos que hallan en su camino. No obstante, la fortuna —especialmente en el caso de desear el engrandecimiento de un príncipe nuevo cuya necesidad de adquirir reputación es mayor que la del príncipe hereditario— hace nacer enemigos a quienes induce a iniciar empresas en su contra con el objeto de que él encuentre los medios para superarlos y, con la escala que le proporcionan sus enemigos, ascienda aún más alto. Tal es la razón por la que muchos estiman que un príncipe sabio debe, cuando tenga ocasión, alimentar con astucia alguna oposición a fin de que vencida ésta, brille a mayor altura su grandeza.

Los príncipes, y sobre todo los que son nuevos, encuentran más lealtad y mayor provecho en aquellos hombres que al comienzo de su reinado eran considerados sospechosos que en aquellos otros en quienes al principio confiaba. Pandolfo Petrucci (72), príncipe de Siena, regía su Estado más con la ayuda de los sospechosos que con la de los otros. Pero sobre este aspecto no es oportuno hablar con carácter general porque las cosas varían de acuerdo a la situación. Sólo diré a este propósito lo siguiente: el príncipe podrá ganar siempre con relativa facilidad a aquellos hombres que al comien-

---

(71) Evidente alusión al precario equilibrio italiano anterior a 1494. La conciencia maquiaveliana de hallarse en los umbrales de una fase nueva se hará evidente, sobre todo, en el ultimo capítulo del texto.

(72) Pandolfo Petrucci fue señor de Siena desde 1500 a 1512.

zo de su principado eran sus enemigos, pero necesitan de su apoyo para mantenerse.

Estas personas, en efecto, se ven obligadas a servirle con lealtad toda vez que saben les es necesario borrar con sus acciones la mala opinión que acerca de ellos tenía el príncipe. Y así se obtendrá siempre mayor utilidad de ellos que de aquellos otros que, sirviéndole con demasiada comodidad, descuidan los asuntos del príncipe.

Puesto que la materia lo exige no quiero dejar de recordar a aquellos príncipes que adquirieron un Estado mediante el apoyo explícito de sus ciudadanos y cómo deben examinar a fondo las razones que movieron a éstos a ayudarle y favorecerle. Si la causa no ha sido el afecto natural hacia él sino tan sólo su descontento con la anterior situación, únicamente con esfuerzo podrá conservarlos como amigos dada la imposibilidad de mantenerlos contentos. Y analizando con rigor las causas, merced a ejemplos extraídos de los hechos antiguos y modernos, se verá cómo resulta mucho más fácil ganarse la amistad de aquellos que se hallaban favorecidos por la situación anterior —y eran, por tanto, sus enemigos— que a aquellos otros cuyo descontento les condujo a hacerse amigos suyos y le ayudaron a apoderarse del Estado.

Los príncipes, con el objeto de conservar con mayor seguridad su Estado, tenían la costumbre de edificar fortalezas que sirvieran tanto de rienda y freno a cualquiera que planease atacarles cuanto como refugio contra un ataque imprevisto. Alabo semejante medida ya que es utilizada desde antiguo. En nuestros días, sin embargo, se ha visto a Nicolás Vitelli (73) destruir dos fortalezas en la ciudad de Castello para conservar el Estado. Guidobaldo de Montefetro, duque de Urbino, de regreso a su Estado, del que fue expulsado por César Borgia, demolió hasta los cimientos todas las fortalezas de la provincia juzgando que sin ellas le sería más difícil

---

(73) Nicolás Vitelli ganó Castello gracias a los Médicis para perderlo en 1474 y volverlo a recuperar

perder de nuevo el Estado. Cuando los Bentivoglio volvieron a Bolonia hicieron uso de procedimientos semejantes. Así pues, las fortalezas son útiles o no según el momento, y si resultan beneficiosas en algún caso son perjudiciales en otro. Este punto puede ser examinado de la siguiente manera: el príncipe que siente más miedo hacia su pueblo que hacia los extranjeros, debe construir fortalezas, pero aquel cuyo miedo a los extranjeros sea mayor debe prescindir de ellas. A la familia Sforza le ha acarreado más problemas el castillo de Milán, que levantó allí Francisco Sforza, que cualquier otro desorden habido en el Estado. Por eso la mejor fortaleza es no ser odiado por el pueblo, porque aun cuando poseas fortalezas si el pueblo te odia, no te salvarán y nunca le faltan a los pueblos, una vez han tomado las armas, extranjeros que les ayuden. En nuestro tiempo no vemos que las fortalezas hayan resultado provechosas a ningún príncipe, excepto en el caso de la condesa de Forli, tras el asesinato de su esposo, el conde Girolamo, pues gracias a ella escapó al ataque del pueblo y pudo esperar el socorro de Milán para recuperar el Estado. Las circunstancias del momento no permitían que los extranjeros pudieran prestar apoyo al pueblo pero, más tarde, de muy poco sirvieron las fortalezas cuando sobrevino el asalto de César Borgia y el pueblo, hostil a su dominio, se unió al invasor (74). Por todo ello, tanto entonces como en la primera ocasión habría sido para ella más seguro no ser odiada por el pueblo que poseer las fortalezas. Consideradas, pues, todas estas cosas alabaré a quien construya fortalezas y a quien no las construya, y censuraré a aquel que, fiándose sólo de ellas, tenga en poca consideración ser odiado por el pueblo.

---

(74) Los sucesos tuvieron lugar a finales de 1499.

CAPÍTULO XXI

QUÉ DEBE HACER UN PRÍNCIPE
PARA DISTINGUIRSE

Nada le proporciona mayor estimación a un príncipe que las grandes empresas y las acciones fuera de lo común. En nuestros días tenemos a Fernando de Aragón, actual rey de España, a quien casi se le puede denominar príncipe nuevo porque de rey débil que era se ha convertido, en virtud de su fama y de su gloria, en el primer rey de la cristiandad. Si consideramos sus acciones hallaremos que todas son sumamente notables y algunas extraordinarias. Al principio de su reinado atacó Granada, empresa que le proporcionó la base de su poder. La emprendió sin tener entonces otras preocupaciones y sin peligro de hallar obstáculos. Mantuvo ocupados en esta guerra los ánimos de los nobles castellanos, que dejaban así de promover disturbios internos. Entre tanto, y sin que ellos lo advirtiesen, iba adquiriendo reputación y sometiéndolos a su dominio. Con el dinero de la Iglesia y el pueblo pudo mantener las tropas, y la larga guerra granadina le proporcionaba la posibilidad de consolidar el ejército con un sólido fundamento, causa posterior de un bien conseguido renombre. Además, sirviéndose siempre del factor religioso, para acometer más vastas empresas, recurrió a una devota crueldad al expulsar y vaciar el reino de moros (75). Es

---

(75) La expulsión de los judíos y moriscos se sitúa entre 1501 y 1502. Respecto a las referencias históricas siguientes, la ocupación de Orán y Trípoli se fecha en 1509.

imposible hallar acción más triste y sorprendente que ésta. Después, bajo la misma capa religiosa, atacó África, llevó a cabo la empresa de Italia y, recientemente, ha atacado Francia. De tal forma, ha tramado y realizado proyectos de gran envergadura, los cuales han tenido sorprendido y admirado el ánimo de sus súbditos, atentos siempre al resultado final. Tales acciones se han sucedido de manera tal las unas a las otras que nunca ha dejado margen de tiempo para que los hombres pudieran urdir trama alguna contra él con calma.

Ayuda también bastante a un príncipe dar de sí ejemplos insólitos respecto a la administración de los asuntos internos del Estado, semejantes a los que se cuentan de Bernabé de Milán (76). Así, cuando alguien realice en la vida civil alguna acción extraordinaria, sea buena o mala, es necesario hallar un premio o un castigo que dé motivo suficiente para hablar de él. Un príncipe, pues, debe ingeniárselas para que cada una de sus acciones le proporcione fama de hombre superior y de excelente ingenio.

Es, asimismo, estimado un príncipe cuando es verdaderamente amigo o enemigo, esto es, cuando sin ninguna traba se declara a favor de alguien contra algún otro. Semejante forma de actuar es siempre más útil que permanecer neutral, porque, cuando los poderosos vecinos tuyos se declaren entre sí la guerra, son tales que si uno vence has de temerle o no. En ambos casos siempre será más útil alinearse con uno de los dos y hacer la guerra abierta, porque, si no lo haces, siempre estarás a merced del vencedor, con placer y satisfacción del vencido, y no hallarás razón que te defienda ni te proporcione refugio. El vencedor no desea amigos sospechosos que no le ayuden en la adversidad; el derrotado no te concede asilo por no haber querido compartir su suerte con las armas en la mano.

Antíoco entró en Grecia solicitado por los etolios para expulsar de allí a los romanos. Una vez en ella envió Antíoco

---

(76) Bernabé de Visconti, señor de Milán hasta 1385.

embajadores a los aqueos, aliados de los romanos, con el propósito de persuadirles a que permanecieran neutrales mientras los romanos les exhortaban a tomar las armas en su favor. La situación fue objeto de debate en el consejo de los aqueos y ante los intentos del embajador de Antíoco para conseguir la neutralidad, el legado romano replicó con las siguientes palabras: «Lo que se os dice de no intervenir en la guerra no puede ser más contrario a vuestros intereses: sin clemencia, sin dignidad, seréis el trofeo del vencedor.» (77)

Siempre sucederá que aquel que no es amigo tuyo buscará la neutralidad mientras el amigo te pedirá combatir a su lado. Los príncipes indecisos, para evitar los peligros inmediatos, siguen la mayor parte de las veces la ruta de la neutralidad y la mayor parte de las veces caminan así hacia su ruina. Por el contrario, cuando el príncipe se declara valientemente a favor de una de las partes si vence su aliado —aunque sea poderoso y tú quedes a su merced— se sentirá obligado hacia ti y os unirá el mutuo afecto: los hombres no son nunca tan deshonestos como para oprimirte en un caso así mostrando tamaña ingratitud. Además, las victorias no son nunca tan completas como para que el vencedor carezca de cierta consideración y temor, máxime a la justicia. Pero si aquel con quien te alías pierde, siempre estará en disposición de acogerte mientras le sea posible y sera partícipe de una fortuna que puede todavía mejorar. En el segundo caso, cuando nada debas temer de quienes se enfrentan, es aún más inteligente vincularse a uno de ellos, pues contribuyes a lograr la ruina de uno con la ayuda de

---

(77) Los hechos a los que se refiere tuvieron lugar en el 192 a. C.; la cita de Maquiavelo es inexacta: «Quod autem isti dicunt non interponendi vos bello, nihil magis alienum rebus vestris est; sine gratia, sine dignitate, praemium victoris estis.» Tito Livio (XXXV, 481), sin embargo, escribe: «Nam quod optimum esse dicant, nihil tam vanum, immo tam alienum rebus vestris est. Quippe sine gratia, sine dignitate, praemium victoris estis.» Se trata, como es fácil deducir, de una nueva cita memorística.

quien lo debería salvar si fuera prudente. En el supuesto de que venza tu aliado, queda en tus manos; y es imposible que no venza si tú le ayudas.

Ha de hacerse notar aquí que un príncipe para atacar a otros debe guardarse de establecer alianzas con alguien más poderoso que él a no ser —como dijimos antes— que le obligue la necesidad. La razón de ello estriba en que en caso de victoria te conviertes en su prisionero y los príncipes deben evitar en la medida de lo posible hallarse en manos de otros. Los venecianos se alinearon con Francia contra el duque de Milán, pese a no tener necesidad de ella, y obtuvo como resultado la derrota final. Pero cuando es inevitable la alianza —como sucedió a los florentinos cuando el Papa y España atacaron con sus ejércitos la Lombardía— el príncipe debe, por las razones mencionadas, tomar partido por uno de los contendientes. Que ningún Estado crea poder optar nunca por una baza segura. Muy al contrario, ha de pensar que cuantas opciones escoja serán dudosas porque el curso ordinario de las cosas trae siempre consigo que apenas se ha tratado de soslayar un obstáculo cuando ha surgido ya otro en el camino. La prudencia, por ello, consiste en saber medir la calidad de los obstáculos y adoptar como bueno el menos malo.

Debe, también, un príncipe mostrar su aprecio por el talento honrado a los que destacan en alguna disciplina. Debe, además, y en consecuencia, procurar a sus ciudadanos el pacífico ejercicio de sus profesiones, ya sea el comercio, la agricultura o cualquier otra actividad, sin que ninguno tema engrandecer sus posesiones por miedo a que le sean arrebatadas o abrir un negocio por miedo a los impuestos. Antes bien, debe, incluso, preparar premios para el que desee realizar tales actividades y para todo aquel que piense, cualquiera que sea el procedimiento, ampliar su ciudad o su Estado. Debe, por último, en las épocas convenientes del año, tener entretenido al pueblo con fiestas y espectáculos. Y comoquiera que toda ciudad se halla dividida en corporaciones o en barrios debe prestarles su atención, reunirse con ellos, dar ejemplo de humanidad y libertad, pero conservando siempre inalterable la majestad de su clase, porque no es conveniente que ésta falte en cosa alguna.

CAPÍTULO XXII

DE LOS SECRETARIOS DE LOS PRÍNCIPES

No es de poca importancia para un príncipe la elección de sus ministros. Son éstos buenos o malos según la prudencia del príncipe. El primer juicio que se establece sobre el talento del príncipe reside en el examen de los hombres que tiene alrededor. Así, cuando son fieles y competentes se le puede considerar inteligente porque ha sabido tanto conocerles bien como mantener su fidelidad, pero, cuando son de otro modo, siempre es posible formar sobre él un juicio desfavorable, pues su primer error estriba, precisamente, en su elección. Nadie que conociera a Antonio de Venufro, ministro de Pandolfo Petrucci, príncipe de Siena, no juzgará a Pandolfo un hombre prudente por haber elegido aquel ministro suyo. Hay tres clases de inteligencia: unos entienden las cosas por sí mismos, los segundos evalúan correctamente lo que entienden otros y, por último, los terceros no entienden ni por sí mismos ni por los demás. Los primeros son superiores, los segundos excelentes, los terceros inútiles. Por ello cabe deducir que si Pandolfo no era de la primera especie era, con seguridad, de la segunda, pues siempre que alguien posee talento para discernir lo bueno o lo malo de las cosas que hace o dice, aunque carezca de capacidad inventiva, discrimina las buenas o las malas acciones de sus ministros, y alaba las primeras y corrige las segundas. Así, el ministro no puede esperar engañarle y, en consecuencia, se esfuerza por mantener un comportamiento adecuado.

Pero, ¿cómo puede un príncipe conocer al ministro? Hay un procedimiento que no falla nunca. Cuando ves que un ministro piensa más en sí mismo que en ti y busca en todas sus acciones el provecho propio, deduce que ese individuo ni será nunca un buen ministro ni podrás nunca fiarte de él, porque aquel a quien se ha confiado el gobierno no debe pensar nunca en sí mismo, sino siempre en el príncipe. Por otra parte el príncipe, para conservar a un buen ministro, debe pensar en él, recompensándolo, enriqueciéndolo, atrayéndolo mediante el reconocimiento y participándole honores y responsabilidades. De este modo el ministro se apercibe de que no puede mantenerse al margen del príncipe y los numerosos honores y riquezas, al tiempo que las responsabilidades contraídas, le obligan a temer posibles cambios. Así pues, cuando los ministros —y los príncipes respecto a ellos— se comportan del modo aludido, pueden confiar el uno del otro y cuando sucede lo contrario el final es desastroso para el uno y para el otro.

CAPÍTULO XXIII

DE QUÉ FORMA SE HA DE HUIR
DE LOS ADULADORES

No quiero dejar de lado un aspecto importante y un error que los príncipes soslayan con dificultad, excepto si son extremadamente prudentes o saben elegir. Me refiero a los aduladores que proliferan en las Cortes. Los hombres, en efecto, se complacen tanto en sus propios asuntos y se engañan de tal modo en ello que difícilmente se defienden de esta peste y, cuando pretenden hacerlo, se corre el peligro de convertirse en odioso a los ojos de otros. No hay otra forma de guardarse de la adulación que hacer comprender a los hombres que no te ofenden diciéndote la verdad, pero cuando todos pueden decírtela, te falta el respeto. Un príncipe prudente, por tanto, debe procurar un tercer procedimiento de elegir en su Estado hombres sabios y otorgar sólo a ellos la facultad de señalarle la verdad, reducida ésta a las cosas a las que pregunte y no a todas. Debe, sin embargo, preguntarles sobre todas las cosas y escuchar sus opiniones para luego decidir por sí mismo y actuar a su manera. Con tales consejos y ante cada uno de sus consejeros ha de comportarse de forma que todos sepan cómo tanto más aceptados serán cuanto más libremente opinen, pero fuera de ellos no debe escuchar a nadie, procediendo directamente a realizar su decisión y a mantenerla con energía. Quien obre de manera diferente o se dejará llevar por los aduladores o variará constantemente de decisión a causa de la diversidad de pareceres, lo cual acarrea una baja estimación entre sus súbditos.

En torno a este punto quiero aducir un ejemplo muy presente. El obispo Luca, servidor de Maximiliano, actual emperador, afirmó acerca de Su Majestad que éste no tomaba consejo de nadie y, sin embargo, jamás hacía algo de su gusto, hechos que se explican por cuanto seguía un camino opuesto al aquí indicado. El emperador es un hombre reservado que nunca comunica a nadie sus designios ni acepta o solicita consejo alguno. Pero como al ponerlos en práctica sus planes resultan explícitos y descubiertos, cuantos están a su alrededor comienzan a criticarlos y él, inseguro, desiste de ellos. De ahí que aquello que hace un día lo destruya al siguiente y no cabe provisión posible acerca de lo que desea o proyecta hacer.

Un príncipe, por tanto, debe aconsejarse siempre, pero cuando él estime oportuno, no cuando quieran los demás; debe, incluso, desanimar a cualquiera a aconsejarle sobre cualquier cosa si él no se lo pide. Pero es menester que solicite consejo con mucha frecuencia y escuche pacientemente la verdad acerca de las cosas consultadas enfadándose, incluso, si alguien por cualquier motivo no se las dice. Muchos estiman que un príncipe que ofrece de sí mismo esta imagen de prudencia no la debe a sí mismo sino a los buenos consejos de la gente a su alrededor. Pero se engañan, sin duda, porque hay una regla general que no falla nunca, a saber: un príncipe que no sea prudente por sí mismo no puede estar bien aconsejado a menos que se ponga por entero en manos de un hombre prudente que le gobierne en todo. En tal caso podría conducirse bien, pero ello duraría poco, ya que quien gobernase acabaría por arrebatarle el Estado. Si se aconsejara de más de uno, un príncipe que carezca de prudencia no recibirá jamas consejos coherentes ni sabrá unificar los criterios dispersos. Cada uno de los consejeros pensará en sus propios intereses y él no sabrá ni corregirlos ni conocerlos. Y es imposible que sea de manera distinta *porque los hombres son siempre malos de no ser que la necesidad les torne buenos.*

Ha de concluirse por eso que los buenos consejos, vengan de quien vengan, conviene nazcan de la prudencia del príncipe y no la prudencia del príncipe de los buenos consejos.

CAPÍTULO XXIV

POR QUÉ PERDIERON SUS ESTADOS LOS PRÍNCIPES DE ITALIA

La prudente observación de las reglas mencionadas con anterioridad hace parecer a un príncipe nuevo, antiguo y lo afirma y asegura más rápidamente en el Estado que si se hubiera establecido en él desde tiempo atrás. Porque la conducta de un príncipe nuevo es más observada que la de un príncipe hereditario y, cuando se juzga virtuosa, atrae mucho más a los hombres y los vincula en mayor medida que la antigüedad de la sangre. Los hombres se dejan persuadir mucho más por las cosas presentes que por las pasadas y cuando hallan el bien en las presentes gozan de él y no buscan nada más, procediendo incluso, a la defensa del nuevo príncipe siempre que éste no omita el cumplimiento de sus restantes obligaciones. Tendrá, así, una doble gloria: haber dado origen a una nueva soberanía y haberla adornado y fortalecido con buenas leyes, buenas armas, buenas alianzas y buenos ejemplos. Doble sería, del mismo modo, la vergüenza de quien nacido príncipe pierde su Estado por su escasa prudencia. Si consideramos a continuación aquellos que en Italia han perdido su Estado en nuestros días —el rey de Nápoles (78), el duque de

---

(78) Federico de Aragón, que sucedió en el reino de Nápoles a Fernando II en 1496, fue destronado en 1501.

Milán (79) y otros— hallaremos en ellos, primero, un defecto común en lo relativo a la organización militar, por las causas ya examinadas antes. Pero veremos, además, bien que algunos tuvieron el pueblo como enemigo bien que, teniéndolo de su parte, no supieron guardarse de los grandes, pues sin tales limitaciones no se pierden los Estados que poseen recursos suficientes para sostener un ejército en campaña. Filipo de Macedonia —no el padre de Alejandro, sino el que fue vencido por Tito Quincio— poseía un Estado pequeño en comparación con la grandeza del romano o griego que, unidos, le atacaron. Sin embargo, como se trataba de un hombre belicoso que sabía, además, satisfacer al pueblo y protegerse de los grandes, sostuvo durante muchos años la guerra contra ellos, y si al final perdió el dominio de alguna ciudad logró, empero, conservar el reino.

Por tanto, aquellos príncipes nuestros que permanecieron largo tiempo en sus principados pero que acabaron finalmente perdiéndolos no deben acusar de ello a la fortuna sino a su propia indolencia, porque no habiendo pensado nunca en época de paz que podían modificarse las cosas —es defecto común a todos los hombres no preocuparse de la tempestad cuando reina la calma— sólo pensaron, llegados los tiempos adversos, en huir y no en defenderse, confiados en que el pueblo, fatigado con la insolencia del vencedor, les llamaría de nuevo. Este partido es bueno cuando fallan los otros, pero es erróneo abandonar los restantes remedios por él porque nadie desea jamás caer en la vana esperanza de encontrar quien lo levante. Semejante hecho sucede o no, y si sucede no hallaréis en ello seguridad porque, amén de tratarse de una defensa cobarde, no depende de ti. Sólo son buenas, seguras y duraderas las defensas que dependen de ti mismo y de tu propio valor.

---

(79) La alusión al duque de Milán se refiere a Ludovico el Moro.

CAPÍTULO XXV

EN QUÉ MEDIDA SE HALLAN LOS ASUNTOS HUMANOS SOMETIDOS A LA FORTUNA Y DE QUÉ MODO SE LES HA DE HACER FRENTE

No se me oculta que muchos tenían y tienen la opinión de que las cosas del mundo están gobernadas de tal modo por la fortuna y por Dios que la prudencia de los hombres no puede corregir su curso ni hallar remedio alguno. Por tal razón podrían estimar que no vale la pena fatigarse mucho sino abandonarse al azar. Semejante opinión ha encontrado más eco en nuestra época a causa de las grandes transformaciones observadas todos los días, al margen de cualquier conjetura humana. Yo mismo, pensando de cuando en cuando acerca de ello, me inclino en cierto modo hacia esta opinión. No obstante, para que nuestra libre voluntad no quede anulada, *juzgo posible que la fortuna sea el árbitro de la mitad de nuestras acciones, pero la otra mitad, o casi, nos es dejada a nuestro control*. Yo la comparo con uno de esos ríos torrenciales que, cuando se embravecen, inundan los campos, derriban árboles y edificios, quitan terreno de un paraje y lo llevan a otro: todos huyen ante él, todos ceden a su ímpetu sin ofrecer resistencia. Y a pesar de ser esa y no otra su naturaleza los hombres, cuando los tiempos están tranquilos, pueden tomar las precauciones oportunas mediante diques y esclusas, de manera que cuando sobrevengan ulteriores crecidas o bien discurrirá por un canal o su ímpetu no será tan incontenible ni perjudicial. Lo mismo acontece con la fortuna, la cual muestra su dominio cuando no halla enfrente una virtud organizada, porque entonces vuelve su ímpetu hacia donde sabe que no existen diques ni defensas capaces de contenerla. Si ponéis vuestros ojos en Italia, escenario e impulso de los mencionados cambios, observaréis que es una campiña sin diques ni defensa alguna, pues si hubiera estado resguardada con suficiente virtud como Alemania, España y Francia, la inundación sufrida o no habría ocasionado los grandes cambios que experimenta o, ni siquiera, hubiera tenido lugar. Espero baste con lo dicho en lo relativo a oponerse a la fortuna en general.

Pero ciñéndome más a lo particular, afirmo que se ve a los príncipes prosperar hoy y caer mañana sin que se le haya visto mudar de naturaleza o de cualidades. Creo que la causa de ello reside, ante todo, en las razones que hemos expuesto extensamente con anterioridad, esto es, en el hecho de que aquellos príncipes cuyo solo apoyo estriba en la fortuna se hunden tan pronto como cambia ésta. Estimo, además, que prospera quien armoniza su modo de proceder con el tono de las circunstancias, de la misma manera que decae aquel cuyo comportamiento está en contradicción con ellas. Porque es sencillo advertir cómo los hombres obran de forma diferente para alcanzar el mismo fin: el uno actúa con precaución; el otro con ímpetu; el uno con violencia y el otro con astucia; el uno con paciencia y el otro al revés. Y cada uno, a pesar de la diversidad de procedimientos, puede lograr su propósito. Se ve, incluso, que de dos hombres moderados, el uno consigue su objetivo y el otro no, del mismo modo que otros dos aciertan ambos siguiendo caminos distintos, la moderación el uno y la impetuosidad el otro. La causa de lo cual se halla en que las circunstancias se adecuan o no a su proceder. De ahí que, como ya he señalado, dos hombres, actuando de forma diferente, logran idéntico resultado final, y otros dos, en cambio, obrando del mismo modo, el uno alcanza el fin perseguido y el otro no. De aquí surgen, asimismo, las mudanzas de fortuna: si uno se conduce con paciencia y moderación y los tiempos y las cosas giran de suerte que su forma de proceder sea buena, se prospera; pero si los tiempos y las cosas cambian, sobreviene su ruina por cuanto no varía su modo de obrar. No existe hombre tan prudente que sepa adaptarse hasta semejante extremo, ya porque no pueda desviarse de aquello a lo que le inclina la naturaleza, ya porque por haber prosperado siempre siguiendo una sola senda le cueste convencerse de la conveniencia de apartarse de ésta. Por ello el hombre precavido, cuando llega el momento de actuar con ímpetu, no sabe hacerlo y se hunde. Si se mudara de naturaleza de acuerdo con los tiempos y las cosas, nunca cambiaría la fortuna.

El Papa Julio procedió en todas sus empresas impetuosamente y encontró las circunstancias y las cosas tan conformes a su modo de proceder que siempre salió airoso. Considerad su primer ataque contra Bolonia (80) cuando vivía aún Giovanni Bentivaglio: ni los venecianos ni el rey de España aprobaban su actitud y en Francia se deliberaba acerca de la misma. Pese a ello se lanzó personalmente al ataque con su proverbial ímpetu y fiereza, decisión que dejó suspensos e inmóviles a españoles y venecianos, los últimos por miedo y los otros por el deseo que de recuperar todo el reino de Nápoles mostraba. Por la otra parte atrajo hacia su causa al rey de Francia porque al ver cómo el Papa se movilizaba y deseando convertirse en su aliado para someter a los venecianos, estimó que no podía negarle la ayuda a sus tropas sin ofenderle abiertamente. Julio consiguió, pues, con su impetuoso gesto lo que nunca había conseguido ningún otro pontífice con toda la prudencia humana. En efecto, si hubiera esperado para partir de Roma a tener sellados todos los acuerdos y en orden todas las cosas, tal y como hubiese hecho cualquier otro pontífice, jamás habría logrado su propósito, porque el rey de Francia hubiera alegado mil excusas y los otros le habrían infundido mil temores. No deseo juzgar sus restantes acciones, pues todas fueron similares y todas se vieron

---

(80) Hecho acontecido en el año 1506.

coronadas por el éxito; la brevedad de su vida no le permitió experimentar lo contrario, porque si hubieran llegado tiempos que hicieran necesario proceder con cautela hubiéramos asistido a su ruina, ya que nunca se habría desviado de los procedimientos a que por su naturaleza era proclive.

Concluyo, por tanto, que si varía la fortuna y los hombres permanecen obstinados en su natural modo de obrar, prosperan sólo mientras ambas concuerdan y se hunden tan pronto como una y otra comienzan a separarse. Creo, sin embargo, que vale más ser impetuoso que precavido, porque la fortuna es mujer y es necesario, si se pretende tenerla sumisa, castigarla y golpearla. Y se ve, en suma, que se deja vencer más por éstos que por quienes actúan con frialdad. Por eso es, como mujer, amiga de los jóvenes, porque éstos son menos circunspectos, más fieros y la dominan con más audacia.

CAPÍTULO XXVI

EXHORTACIÓN PARA PONERSE
AL FRENTE DE ITALIA Y LIBERARLA
DE LOS BÁRBAROS *

Considerando, pues, todas las cosas mencionadas hasta aquí y reflexionando para mis adentros acerca de si en la Italia actual se dan las circunstancias para ensalzar a un nuevo príncipe, de suerte que un hombre prudente pueda introducir una fórmula diferente capaz de honrarle a él y proporcionar la felicidad a los italianos, *me parece que concurren tantas cosas en favor de un príncipe nuevo que no sé si habrá nunca otro tiempo más propicio que el presente.* Y si, como ya dije, era necesario para ver la virtud de Moisés que el pueblo de Israel estuviera esclavizado en Egipto y para conocer la grandeza de ánimo de Ciro que los persas se hallaran oprimidos por los medos o para apreciar la excelencia de Teseo que los atenienses estuvieran dispersos, de igual modo, en el momento presente, para conocer la virtud de un espíritu italiano era necesario que Italia se viera reducida a la triste condición en que ahora se halla: más esclava que los hebreos, más sierva que los persas, más dispersa que los atenienses, sin un guía, sin orden, vencida, despojada, despedazada, asolada en todas las direcciones y víctima de la desolación. Y aun cuando hasta el presente se haya advertido en alguien algún destello que induzca a juzgar que fue destinado por Dios para su redención, después, sin embargo, se vio cómo en sus más grandes acciones era reprobado por la fortu-

---

* Para una lectura de este decisivo capítulo final veáse el prólogo.

na (81). Así, Italia permanece casi sin vida esperando aquel que pueda curarle sus heridas y ponga término a los saqueos de Lombardía, a los pillajes en Nápoles y Toscana y la limpie de las llagas que durante tiempo la han hecho sangrar. La vemos rogando a Dios para que la redima de las crueldades y ultrajes de los bárbaros. Se la ve presta y dispuesta a seguir una bandera a falta tan sólo de alguien que la enarbole, pero no se ve, actualmente, en quién puede depositar mejor sus esperanzas si no es en vuestra ilustre casa (82), que con su fortuna y virtud —favorecida por Dios y por la Iglesia a la cual ha dado su príncipe— puede emprender semejante redención. La empresa no será muy difícil si tenéis presentes las acciones y la vida de cuantos he mencionado, pues aun cuando estos hombres hayan sido excepcionales y extraordinarios fueron, a pesar de todo, hombres y ninguno de ellos tuvo ocasión mejor que la presente porque su empresa no fue ni más justa ni más fácil que ésta, ni Dios les fue más propicio que a vos. Hay, en efecto, alta justicia en vuestra causa: «Justa es la guerra para quienes es necesaria y santas las armas cuando hay en ellas sólo esperanzas.» (83) Absoluta es aquí la disposición de los pueblos y no puede haber gran dificultad cuando la disposición es tan alta. Sólo falta que vuestra casa emule a aquellos que os he propuesto como modelo. Además de esto se observan aquí sucesos extraordinarios y sin parangón orientados a buen seguro por Dios; el mar se ha abierto, una nube ha mostrado el camino, ha manado agua de una roca y ha llovido el maná del cielo. Todo, en suma, concurre a vuestra grandeza. El resto debéis hacerlo vos. *Dios no quiere hacerlo solo para no arrebataros el libre albedrío y la parte de gloria que en la empresa nos corresponde.*

Y no es de extrañar que ninguno de los italianos mencionados haya podido realizar lo que se espera lleve a cabo vuestra

---

(81) Se refiere, claro es, a Cesar Borgia.

(82) Los Médicis.

(83) La cita corresponde a Livio (XI, 1). De nuevo se trata de una cita memorística. Escribe Maquiavelo: «Instum enim est bellum quibus necessarium, et pia arma ubi nulla nisi in armis spes est.» Livio, textualmente, dice: «Instrum est bellum quibus necessarium et pia arma quibus nulla nisi in armis relinquitur spes.»

ilustre casa ni que en tantas revoluciones como ha sufrido Italia ni en tantas campanas bélicas parezca como si la virtud militar se hubiera extinguido. La causa de ello no es otra que las deficiencias de la antigua organización militar sin que haya surgido nadie capaz de hallar una nueva; y nada proporciona tanto honor a un hombre nuevo recién surgido como las nuevas leyes y las nuevas instituciones por él implantadas. Tales cosas, cuando están bien fundadas y tienen grandeza en sí mismas, hacen de él un hombre respetado y admirado. Y en Italia no falta nada de lo necesario para introducir la forma adecuada. Hay aquí, en efecto, extraordinaria virtud en los miembros aun cuando faltara entre los jefes. Observad cómo en los duelos y combates en grupos reducidos los italianos son superiores en fuerza, destreza e ingenio. Pero tales cualidades no se manifiestan, sin embargo en los ejércitos. Y todo procede de la debilidad de los jefes: los que no saben no son obedecidos; cada uno cree saber, no existe hasta hoy nadie capaz de imponer su superioridad, por virtud y fortuna, de modo que el resto se someta a ella. Tal es la causa de que, durante tanto tiempo y a lo largo de tantas guerras como en los últimos veinte años se han sucedido, cuando hubo un ejército enteramente italiano, lucieran siempre tan nefasto papel. Testimonio cumplido de lo cual se halla, en primer lugar, en Taro y después en Alejandría, Capua, Génova, Vailate, Bolonia y Mestre. Si desea, pues, vuestra ilustre casa emular a los insignes varones que redimieron sus países, es necesario, con anterioridad a cualquier otra cosa y como verdadero pilar de cualquier empresa, proveerse de ejércitos propios porque no puede haber soldados más fieles, verdaderos ni mejores. Y aunque cada uno de ellos sea bueno, todos juntos resultarán mejores cuando se vean mandados, honrados y sostenidos por un príncipe. Es necesario, por tanto, constituir este ejército para defenderse de los extranjeros con la virtud italiana. Aunque las infanterías suiza y española sean consideradas excepcionales, ambas tienen, sin embargo, un defecto a causa del cual una tercera forma de organización militar estaría no sólo en condiciones de hacerles frente, sino también de derrotarlas. Los españoles no pueden resistir a los embates de la caballería y los suizos deben tener miedo a la infantería cuando se enfrentan a soldados tan tenaces como ellos.

Así se ha visto y se verá cómo los españoles no pueden hacer frente a la caballería francesa y cómo los suizos sucumben ante la infantería española. Aunque de lo último se carezca de una prueba completa se vio, sin embargo, un ejemplo ilustrativo en la batalla de Rávena, cuando la infantería española se enfrentó con las tropas alemanas, las cuales guardaban el mismo orden de combate que los suizos. Los españoles, merced a la agilidad de su cuerpo y a la ayuda de sus escudos, penetraban por debajo de las picas de los alemanes y les atacaban sin peligro ante la impotencia del enemigo, de suerte que los habrían aniquilado de no haber acudido la caballería en su auxilio. Se puede, pues, conocidas las deficiencias de ambas infanterías, establecer una nueva que resista a la caballería y no tenga miedo a otra infantería, lo que se conseguirá con nueva clase de ejércitos y cambios en el modo de combatir. Tales cosas son las que, como innovaciones, proporcionan reputación y grandeza a un príncipe nuevo.

No se debe, en consecuencia, dejar pasar esta oportunidad con el fin de que Italia halle, después de tanto tiempo, su redentor. No puedo expresar con qué amor sería recibido en todos aquellos territorios que sufrieron con la invasión de los extranjeros, con qué sed de venganza, con que obstinada lealtad, con qué vocación, con qué lágrimas. ¿Qué puertas se le cerrarían? ¿Qué pueblos le negarían la obediencia? ¿Qué envidia se le opondría? ¿Qué italiano le negaría su agradecimiento? A todos repugna esta bárbara tiranía. Acometa, pues, Vuestra Ilustre Casa esta empresa con el ánimo y la esperanza con que se asumen las empresas justas, a fin de que bajo su bandera nuestra patria se vea ennoblecida y bajo sus auspicios se convierta en realidad aquella predicción de Petrarca:

«Virtud contra el furor
tomará las armas y hará el combate corto:
pues el antiguo valor
aún no ha muerto en el corazón italiano).» (86)

---

(86) Canzone Italia mia (Ai signori d'Italia), vv. 93-96: «*Virtù* contro a furore / prendera l'arme e fia el combatter corto / che l'antico valore / nelli Italici cor non è ancor morto».

ÍNDICE